中国经济的高质量发展：
关税的作用

徐 赟 / 著

中国财经出版传媒集团
中国财政经济出版社

图书在版编目（CIP）数据

中国经济的高质量发展：关税的作用 / 徐赟著． ‐‐北京：中国财政经济出版社，2023.2

ISBN 978‐7‐5223‐1875‐2

Ⅰ．①中… Ⅱ．①徐… Ⅲ．①中国经济‐经济发展‐研究 Ⅳ．①F124

中国国家版本馆CIP数据核字（2023）第011586号

责任编辑：刘五书　　　　责任校对：徐艳丽
封面设计：孙俪铭　　　　责任印制：张　健

中国经济的高质量发展：关税的作用
ZHONGGUO JINGJI DE GAOZHILIANG FAZHAN：GUANSHUI DE ZUOYONG

中国财政经济出版社 出版

URL：http：//www.cfeph.cn

E‐mail：cfeph@cfemg.cn

（版权所有　翻印必究）

社址：北京市海淀区阜成路甲28号　邮政编码：100142
营销中心电话：010‐88191522
天猫网店：中国财政经济出版社旗舰店
网址：https：//zgczjjcbs.tmall.com
北京富生印刷厂印刷　各地新华书店经销
成品尺寸：170mm×230mm　16开　14印张　200 000字
2023年2月第1版　2023年2月北京第1次印刷
定价：68.00元
ISBN 978‐7‐5223‐1875‐2
（图书出现印装问题，本社负责调换，电话：010‐88190548）
本社质量投诉电话：010‐88190744
打击盗版举报热线：010‐88191661　　QQ：2242791300

目 录

导　言 …………………………………………（ 1 ）
　一、研究思路 …………………………………（ 3 ）
　二、研究方法 …………………………………（ 6 ）
　三、研究内容 …………………………………（ 7 ）
　四、可能的创新 ………………………………（ 8 ）

第一章　关税综论 ……………………………（ 9 ）
　第一节　关税的概念 …………………………（ 9 ）
　第二节　关税的特性 …………………………（ 11 ）
　第三节　关税的经济效应 ……………………（ 12 ）
　第四节　关税的保护理论 ……………………（ 19 ）

第二章　中国关税政策现状 …………………（ 28 ）
　第一节　中国关税政策 ………………………（ 28 ）
　第二节　中国关税水平与结构分析 …………（ 41 ）

第三章　关税与贸易限制理论 ………………（ 63 ）
　第一节　贸易限制指数理论 …………………（ 65 ）
　第二节　贸易限制指数理论的研究文献 ……（ 76 ）
　第三节　中国贸易限制指数的实证研究 ……（ 83 ）

第四章 关税与有效保护理论 …………………… (113)
    第一节 关税的有效保护理论 ………………… (114)
    第二节 关税有效保护理论的研究文献 ………… (118)
    第三节 中国关税有效保护的实证研究 ………… (124)

第五章 关税与收入分配理论 …………………… (143)
    第一节 国际贸易、关税与收入分配 …………… (144)
    第二节 关税的要素收入分配理论模型 ………… (153)
    第三节 中国行业工资和关税变动特征 ………… (158)
    第四节 中国关税的行业内工资差距效应研究 … (163)

第六章 结论与政策建议 ………………………… (179)
    第一节 本书主要结论 …………………………… (179)
    第二节 政策建议 ………………………………… (187)
    第三节 后续研究 ………………………………… (194)

附 录 ……………………………………………… (196)
    附录1 中国现有关税种类 ……………………… (196)
    附录2 商品分类标准确定 ……………………… (198)
    附录3 Kee et al.（2008）TRI 分解过程详解 … (204)
    附录4 制造业各行业全要素生产率计算过程 … (206)

参考文献 ………………………………………… (208)

导　言

2008年国际金融危机后，世界经济始终在深度调整中谋求复苏，但发展之路艰难曲折。发达经济体的贸易保护主义抬头，"逆全球化"趋势给国际贸易自由化带来重创，国际经济大循环动能弱化，以关税为代表的形形色色的贸易保护在当今国际关系中的作用日益加强。中美贸易战以来国际政治与经济格局经历了重大调整，但由美国单方面挑起的中美贸易争端依然僵持不下，以关税为主要政策手段的贸易摩擦给中美以及全球贸易关系蒙上浓重的阴影。在面对国际环境变化带来的新矛盾新挑战的同时，中国经济发展不平衡不充分、低端产能过剩和高端供给不足等问题仍然突出。为应对错综复杂的国际环境变化和适应中国经济发展新阶段的要求，中国发展战略由高速增长转向高质量发展，谋求更高质量、更有效率、更加公平的国民经济发展,是中国顺势而为的主动选择,是在新条件、新环境下有效提升经济发展的自主性和可持续性的战略抉择。在"逆全球化"趋势和新冠肺炎疫情重压之下,探索适合中国经济发展的路径,并在疫情之后积极应对全球贸易保护主义,实现国民经济的高质量发展,是当前迫切需要攻克的重要课题。

中国加入世界贸易组织(WTO)不仅是中国对外开放的一个里程碑,也是国民经济发展的一个重要转折点。加入世界贸易组织21年间,关税的显著削减带来了贸易的快速发展,中国进口贸易额由2001年的2万亿元增至2021年的17.4万亿元,贸易额增长了8.7倍。通过深度参与国际分工,中国已经是120多个国家和地区的主要贸易伙伴,在全球价值链中的地位稳步提升。这些亮眼的成绩,离不开中国关税结构不断优化、关税职能不断完善的贡献。作为国家宏观经济政策的重要组成部分,关税政策是国家在一定时期运用关税手段以达到特定经济、政治目的的行为准则,是国家经济、政治和社会政策在对外贸易活动中的具体体现。从加入世界贸易组织至2010年完成加入世界贸易组织的关税减让承诺,中国的进口关税经历了大幅度减免。党的十八大以来,关税税率调整以产品结构性调整为主,总水平调整为辅,从侧重稳定规模向优化结构转变。2018年,中国进一步大幅降低关税,此次自主降税,涉及产品范围广,兼顾生产和消费需求,是降低生产成本、促进产业升级的有力举措,对于稳定市场和促进进口发挥了积极作用。

在促进贸易增长的同时,关税作为资源配置和产业发展的政策手段,是否也促进了中国经济的高质量发展?经济高质量发展的内涵丰富,包括从关注经济增长过程转向关注增长的效率;从关注经济规模一个维度转向关注经济发展、社会公平、生态环境等多个维度;从只重视高增长产业转向关注产业协同发展、构建现代化产业体系;从关注GDP转向关注以人民为中心的促进公平公正的制度安排等。由此可见,高质量发展是更充分更均衡的发展,是由单纯追求规模增长,向规模、效率和公平并重,在更高水平上实现供给和需求的动态平衡的发展。本书试图从高质量发展内涵中的效率和公平两个内容、两个角度探讨加入世界贸易组织后中国关税水平和关税产业结构的调整,是否提高资源配置效率,有效削减了关税对市场活动造成的效率损失,降低了关税政策的福利成本?是否有助于培育国内产业的竞争优势、促进产业升级?关税调整能否调节收入分配,助力社会公平和共同富裕的目标实现?本书旨在对中国关税政策的效率和公平目标实践经验的总结基础上,为今后中国关税政策的调整和优化提供事实依据,以充分发挥其促进中国经济高质量发展的作用。

一、研究思路

关税税率系统细致而复杂,有着几千种针对不同产品门类的税率,因此,为研究中国加入WTO后关税政策调整、关税水平和产业结构变化特征与其经济效应,首先必须明确应用何种方法,利用何种理论,采用何种指标,从纷繁复杂的税率体系中提炼核心信息。一般而言,对税率体系的分析始于关税水平和关税结构,继而进阶至关税的保护理论和经济效应研究。关税水平一般是指对某种进口商品所征收的税款,关税结构则指一国关税税则中各类商品关税税率间的相互高低关系。关税的保护理论研究一个国家对进口商品课征关税后,给予该国经济或具体产业的保护所达到的程度。在理论上,关税的保护程度通常以课征关税后该国经济产生的变化量与课征关税前的经济相比较的百分率来表示。反映一国关税保护程度的指标主要有名义关税率、关税实际征收率、贸易限制指数、关税有效保护率等。本书研究内容的展开方式，正是利用这些理论与指标对中国关税政策进行探讨和分析。

一国的名义关税水平通常以简单平均关税率和加权平均关税率来衡量，前者以税则税目为基础，后者则以贸易额为权重。在实际经济运行中，由于名目繁多的关税减免，根据税则计算的关税水平与实际关税存在一定偏差，因此，为消除税收优惠的影响，政策分析中也使用关税实际征收率，即实际征收的税收收入与进口贸易额比重，来衡量一国经济整体上的实际关税水平。以上方法数据易得，计算较为简洁，因此，本书对中国关税数据的分析也始于这些工具。

关税在一定程度上扭曲了资源配置，从而产生了效率损失，即资源配置的福利无谓损失。因而，能够准确衡量关税政策导致的福利无谓损失，就成为政策福利分析必须实现的目标。而前述分析方法都没有建立在传统贸易理论的基础上，无法与福利分析相联系。贸易限制指数理论的提出与应用正好解决了该难题。该理论的核心思想是寻找在保持初始福利水平不变的条件下，使新贸易状态与初始贸易状态的贸易差额函数相等的统一关税。贸易限制指数不仅包括贸易加权平均关税的影响，还包括关税的方差以及关税与进口需求弹性系数的相互作用，更能反映整体贸易政策的真实保护水平。更为重要的是，贸易限制指数理论能衡量和评价贸易政策变化的福利效应。因而，贸易限制指数分析法被运用于中国加入世界贸易组织后关税政策分析上，既能衡量关税保护程度，又能评估关税政策调整是否有效降低了关税的福利成本。

传统的关税保护概念,将关税表述为对从国外进口的产品征收较高的名义税率,造成国内价格高于国际价格,通过价差来引导消费从而形成对一个产业的保护。然而,该结论的前提条件是单一阶段生产过程,该假设保证消费者和生产者面临的价格具有相同的效应。事实上,大多数生产过程是由多个生产阶段组成的,一个产业的产出可能是另一个产业的投入,且投入的中间产品往往为进口品。关税有效保护理论认为,实际资源配置不仅取决于对产品本身的名义保护,还取决于对中间投入品的保护程度以及投入产出系数的影响。关税的有效保护率综合了这三个方面的影响,考虑产业关联性,将生产技术和关税结构纳入计算范围,重视纳税商品在生产链条中的地位和作用,能准确衡量一国整套关税结构对具体行业所提供的实际贸易保护水平。由此,关税有效保护理论与其指标被用来分析加入世界贸易组织后中国关税为不同行业提供的真实保护程度,并讨论关税设置是否形成产业链阶梯型保护结构,是否有助于培育产业的竞争优势等问题。

效率和公平是关税政策希望实现的两大目标。中国加入世界贸易组织后关税调整降低福利无谓损失,提高社会资源配置效率,培育产业竞争力的同时,是不是也能通过对收入分配的影响实现公平,助力共同富裕?本书以技能溢价为研究对象,从收入分配的一个角度,讨论中国加入世界贸易组织后,关税对制造业行业内工资差距的影响,对此问题给出浅薄的解答。

根据上文的研究背景和研究思路构建本书的研究框架(见图1)。

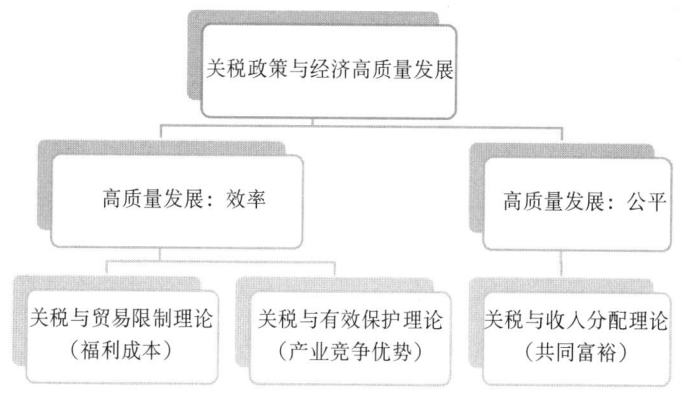

图 1　本书研究框架

二、研究方法

理论模型的逻辑演绎和数学推导。本书的关税与贸易限制理论、关税与有效保护理论、关税与收入分配理论章节，均结合数理模型和理论推导进行分析。

局部均衡分析与一般均衡分析相结合。关税的贸易限制理论基于局部均衡分析思路对关税的保护水平和产业结构给予研究，有效保护理论则是针对一国整套关税结构对行业保护水平的一般均衡分析。

关税的收入分配效应的研究，以理论模型分析为基础，建立较规范、合理的计量回归模型，选取恰当的被解释和解释变量对理论分析的结论进行正规的实证检验，并对实证结果结合理论依据给以合理解释。

数据图表分析。本书采用了大量的图表分析，说明加入世界贸易组织后中国关税政策的调整，对关税收入、关税水平和产业结构、贸易限制指数和有效保护率以及工资水平和工资差距给以直观观察和分析，为本书要验证的理论假说提供了客观依据。

三、研究内容

本书以中国加入世界贸易组织以来关税的演变和现状为研究背景,以关税政策效应为内在经济逻辑,以福利分析和比较优势的培植为线索,重点分析了中国关税水平和产业结构、贸易限制和关税有效保护程度,探讨了关税对中国收入分配的影响。本书共分为六部分,详细的结构安排如下:

第一章是关税综论,介绍关税的概念和特性、关税的经济效应和关税的保护理论。

第二章介绍加入世界贸易组织后中国关税政策的调整,并使用简单平均关税、贸易额加权平均关税、关税实际征收率等衡量指标,分析关税水平和产业结构的变化情况。

第三章是利用贸易限制指数理论对中国加入世界贸易组织后关税政策给予分析。本章介绍贸易限制指数理论,并对中国关税政策调整的贸易限制指数进行整体和分国民经济行业的分析,结合GDP和行业产出数据,对关税政策调整的福利效应给予研究,测算加入世界贸易组织后中国关税的福利无谓损失的变动情况。

第四章是利用关税有效保护理论对中国加入世界贸易组织后关税政策给予分析。本章在对关税有效保护理论介绍基础上,分析中国加入WTO后关税有效保护的变化情况,并讨论关税保护的产业结构特征,解答关税设置是否符合产业链升级原理,是否形成对各行业的有效保护,是否有助于产业竞争优势的培育等问题。

第五章是以技能溢价为研究对象,运用计量经济学方法考察加入世界贸易组织后,中国关税调整对制造业行业内工资差距,即技能劳动力工资与非技能劳动力工资的比值的影响。

第六章是本书的结论与政策建议。

四、可能的创新

本书可能的创新之处在于：

第一，深挖经济高质量发展的内涵，宏观层面的高质量发展包括经济增长稳定、实现绿色发展、让经济发展成果更多更公平惠及全体人民等内容，产业层面的高质量发展包括产业布局优化、结构合理、不断实现转型升级。本书针对宏观和产业两个层面高质量发展所包含的内容，全方位、多角度地探讨关税对经济高质量发展的作用。

第二，综合效率和公平两个维度，对加入世界贸易组织后中国关税政策进行分析，在对关税的效率和公平目标实践经验的总结基础上，为今后中国关税政策的调整和优化提供事实依据。

第三，为从纷繁复杂的关税税率体系中提炼核心信息，利用多种方法和多个指标对关税税率调整进行分析。分析指标包括关税税则规定的名义税率、贸易限制指数和关税有效保护率。基于福利经济学研究提出的贸易限制指数，以贸易理论为基础，与福利分析相关联，可以衡量和评价贸易政策变化的福利效应。关税的有效保护率综合了产品关税、中间投入品关税以及投入产出系数三个方面影响，考虑产业关联性，将生产技术和关税结构纳入计算范围，能准确衡量一国整套关税结构对行业所提供的实际贸易保护水平。各指标间相互比较、相互印证，数据丰富翔实，对关税体系给予更为全面的分析。

第四，从消费和生产两个方面，从关税对消费者福利和对劳动力工资水平的影响两个角度，实证分析关税的收入分配效应。

第一章

关税综论

第一节 关税的概念

关税既是世界各国普遍征收的一个税种,也是一种古老的税收。关税是由海关代表国家,按照国家制定的关税政策和公布实施的税法及进出口税则,仅对进出关境自由流通的货物和物品征收的一种流转税。根据其定义,关税概念包括四要素:第一,关税的基本属性是一种流转税,是国家取得财政收入的基本形式;第二,关税是由海关代表国家,按照国家制定的关税政策和公布实施的税法及进出口税则征收的流转税;第三,关税的征税对象是进出口关境流通的货物和物品;第四,关税应税经济活动的地域是一国或地区的关境。

按照关税征收的依据划分，关税分为正税和附加税。按照应税进出口货物在关境上的流向划分，关税可分为进口关税、出口关税和过境关税三种。进口关税是对被输入一国关境且最终目的地为该国的货物和物品征收的关税，是关税中最主要的一种。由于世界各国所征收的关税大多采用这种税，所以，国际上通常所称的关税或国际关税协定，国家关税谈判所指的关税，除特别说明之外，一般均指进口关税。由于征收进口税的目的和作用不同，可分为各种名目的进口关税。进口税除在税则中规定的正税外，有时还征收进口附加税。进口附加税是非常重要的合法有效手段，主要采用以下几种形式：反倾销税、反补贴税、报复关税和紧急关税。出口关税是对输出一国关境的货物和物品征收的关税。过境关税，是指对通过一国关境的货物和物品征收的关税。过境货物是指货物的起运地和目的地都在过境国之外的货物。按照关税的计税依据划分，关税可分为从价关税、从量关税和复合关税。按照应税货物的原产地不同进行划分，关税可分为普通关税和优惠关税，其中后者又可具体分为特定优惠关税、普通优惠关税和最惠国待遇关税。

关税是国家以政治权力为主体参与剩余产品价值分配的一种形式，不仅是国家主权的体现，还是一国政府调节国内经济发展和国际经济关系的重要工具。关税直接构成了进出口货物和商品的贸易成本，影响进出口商品的国内市场价格，进而影响国内市场的商品供求关系，并通过价格传导机制影响贸易替代品和互补品的国内市场价格，引导国内生产要素在产业间的流动，从而对整个国家的经济发展产生影响。

第二节 关税的特性

关税的基本属性是一种流转税,与其他税种一样具有强制性、无偿性和固定性。关税的无偿性是指国家征收关税后,税款就成为国家所有,不再直接归还纳税人,也不支付任何报酬。强制性是指国家依靠其政治权力,通过法律形式,确定关税征纳双方的权利和义务关系,并颁布法令强制征收,并非纳税人自愿缴纳。关税的固定性是指国家在征税之前就通过法律形式,预先规定了征税对象和征收数额之间的数量比例,征纳双方必须共同遵守,不经批准不能随意改变。

关税还具有不同于其他税种的特性——涉外性。关税不仅体现了国家主权,还是调节国际经济关系的重要工具。国家通过制定不同的关税税率、减免以及征收反倾销税、反补贴税等特殊关税来体现关税的涉外性。由于关税影响着双方的利益,常常被用来作为执行对外政治经济政策、促进和发展国际经济合作与往来的工具和手段。关税政策涉及国际政治、外交和经济等方面的关系,各国可以通过与其他国家和地区签订关税互惠协定,或采取关税壁垒措施限制进出口贸易,从而使关税成为各国处理国际经济和外交事务的一种手段。

第三节

关税的经济效应

一、关税的产业结构效应

对进口消费品而言,关税作为进口商品成本的一部分,计入商品的销售价格,对中间投入品而言,通过投入再生产成为最终商品的成本组成部分,由此,关税对商品的生产和消费产生作用,影响生产要素和资源的流向,进而影响和调节国内的产业结构。

在市场经济条件下,以追求自身利益最大化为目标的生产企业,会倾向于投资利润率较高的产业。一国对进口商品征收关税后,商品的国内市场价格会相应提高,那么国内市场生产同类商品的企业可以获得更大的利润,使企业增加对同类商品生产的投资,并吸引其他生产要素向该产业的流动。在不同关税税率结构的影响下,不同商品的利润会发生变化,导致投资增量和资产存量在产业间、产业内发生变化,产业结构向关税保护程度高的产业倾斜。因此,一国可以通过关税调整部门利润,改变国内的投资结构和生产要素的流动,进而调整产业结构。

如果进口国是贸易小国,如图 1-1 所示,对商品征收进口关税后,国际市场价格不变仍为 I,商品的国内市场价格将完全吸收加征的关税,由 I 增加到 $I+T$。由于商品的国内市场价格上升,对更多利润的追求将促使国内生产企业扩大生产规模，向市场提供更多数量的国内商品，国内商品供给数量 Q_1 由增加到 Q_3，产量增加了 Q_3-Q_1；而商品的进口数量则由原来的 Q_2-Q_1，减少到 Q_4-Q_3。因此，国内的生产资源更多地集中到征税商品的生产上，影响了国内的投资结构和产业结构。

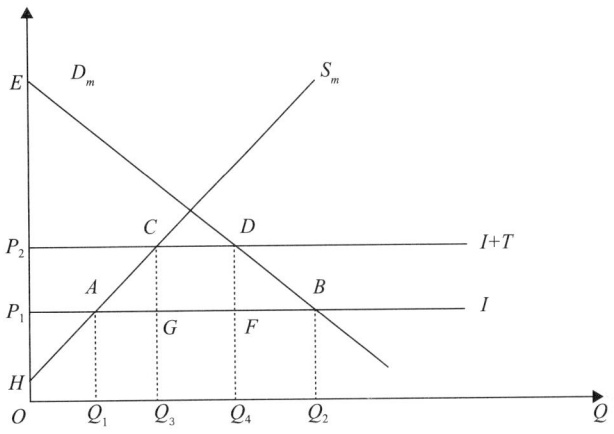

图 1-1　贸易小国进口关税的局部均衡分析

图 1-2 是在贸易大国情形下，对关税政策的影响进行分析。在自由贸易条件下，进口国的进口数量 q_2-q_1 与国际市场的出口数量相等 Q_2-Q_1。如果进口国对进口商品征收单位税额为 T 的非禁止性关税，则进口国国内商品的价格由 P_1 上升至 P_2，商品进口数量为 q_4-q_3；在国际市场上，商品的价格由于进口国进口商品数量的减少，国际需求降低，价格由 P_1 下降至 P_3，国际市场出售给进口国的商品数量为 Q_4-Q_3。此时，进出口商品的数量为 $q_4-q_3=Q_4-Q_3$，而关税为国内外商品的价格差 $T=P_2-P_3$。征收关税 T 后，国内商品的生产数量由不征收关税时的 q_1 提高到 q_3，而国内商品的消费数量 q_2 减少到 q_4，国内的资源配置发生了变化，国内的产业结构和投资结构也发生了变化，向征税

商品集聚。在国际市场上，资源配置也受到了关税的影响，产业结构和投资结构也会相应调整，减少了征税商品的生产。

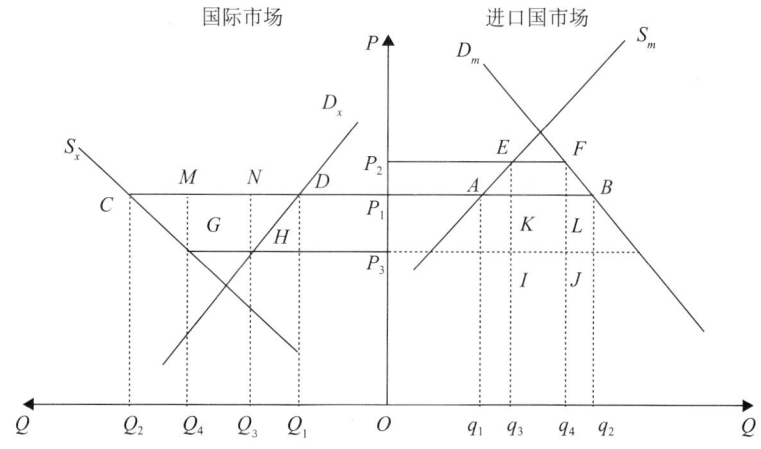

图1-2 贸易大国进口关税的局部均衡分析

从国内产业结构变化看，在对某商品征收进口关税后，征税商品的国内生产数量会提高；同时，其互补商品的进口需求也会缩减，进口量减少，这将导致该类商品的国内生产增加。而对于征税商品的替代品来说，征收关税会使征税商品的国内价格上升，进而使其国内需求下降，而其替代品的需求则会上升。

二、关税的收入分配效应

对商品征收关税会引起国内收入分配情况发生变化。关税的收入分配调节效应可以通过征收关税前后生产者剩余和消费者剩余发生的变化来说明。

贸易小国对商品征收进口关税后，商品的国际市场价格保持不变，而国内市场价格会上升，国内生产者与消费者之间的收入分配也会随之发生变化（见图1-1）。在自由贸易时，商品的国内市场价格为 P_1，国内的消费者剩余为 EBP_1，生产者剩余为 P_1HA。在对商品征收进口关税 T 后，商品的国内价格由 P_1 上升至 P_2，国内消费者剩余变为 EDP_2，减少了 P_2DBP_1；而消费者剩余为 HCP_2，增加了 P_1ACP_2；该国政府获得的关税收入为 $CDFG$。因此，对商品征收进口关税使得国内的消费者剩余减少，生产者剩余增加，政府的收益增加，而生产者和政府增加的收益是消费者减少中的一部分，但生产者和政府收益的增加不足以弥补消费者福利的减少，贸易小国征收进口关税的社会福利净损失为 ACG 与 DBF 之和。

贸易大国情形下，商品的国内供需变动将影响国际市场上同类商品的价格。对商品征收进口关税后，商品的国内市场价格上升，国内消费数量减少，导致商品进口数量下降，国内进口需求的萎缩引发商品的国际需求下降，进而国际市场价格下调（见图1-2）。征收关税后，进口国的消费者剩余、生产者剩余和政府收益都发生了相应的变化。商品的国内市场价格从 P_1 上升到 P_2，国际市场价格从 P_1 下降到 P_3，关税额为 P_2-P_3。进口国的消费者剩余因国内商品价格上升，减少了 P_2FBP_1，而生产者剩余则增加了 P_1AEP_2，政府获得的关税收入为 $EFJI$。同时，由于国际市场价格下降，国际市场的消费者剩余增加了 P_1DHP_3，而国外的生产者剩余减少了 P_1CGP_3，国外生产者减少的剩余将部分转化为国外消费者剩余的增加。

因此，贸易大国对商品征收进口关税，不仅影响本国不同经济主体间的收入分配，而且会对国外市场的经济主体的收入变化产生影响，甚至使收入分配在两国间发生转移。对贸易大国来说，社会净福利水平为 $KLJI$ 与 $EKA+FBL$ 之差，如果 $KLJI$ 大于 $EKA+FBL$，则进口国的社会净福利是增加的，即征收进口关税提高了进口国的社会福利总水平；如果 $KLJI$ 小于 $EKA+FBL$，则进口国的社会福利是净损失的，即征收进口关税降低了进口国的社会福利总水平。对于国际市场来说，在贸易大国对商品征收进口关税后，国外的社会福利净损失了 $CDHG$，即其他国家的社会福利水平下降。因此，贸易大国征收关税虽然可以提高本国的社会福利水平，但是会导致贸易伙伴的社会福利水平下降，进而招致出口国的报复，如果贸易伙伴国采取反制措施，进口国福利水平的提高则增加不确定因素。

三、关税的其他经济效应

（一）关税的财政收入效应

关税功能之一是组织国家财政收入。关税在进出口环节由海关征收，管理方便、征收及时，纳税人可以将税负转嫁给消费者，纳税人容易接受，征税阻力小。因此，在经济发展早期，关税成为国家财政收入和外汇的重要来源。然而，随着经济的发展，人们认识到关税阻碍了贸易的自由流通、国际经济的合作与技术交流，关税组织财政收入的作用日渐弱化。总体上看，关税财政收入效应的大小主要受到贸易规模和关税税率的影响。一个国家开放程度越高，进口贸易额越大，其关税收入就越多。如果关税税率过高，如禁止性关税，征收关税后的进口商品的国内售价高于国内生产的同类产品的价格，则进口商无利可图，不会选择进口商品，关税收入为 0；如果关税税率过低，虽然进口贸易量很大，但是总关税收入可能仍然较低。根据拉弗曲线对关税税率与关税收入关系的描述：当关税税率低于某种水平时，虽然关税税率的上升增加了商品进口的成本，但进入国内市场对国外厂商而言有利可图，仍然会积极地向国内市场提供商品，商品

第一章 关税综论

的进口总额增加，政府的关税收入增加；当关税税率高于某临界值水平时，进入国内市场利润进一步降低，商品进口受到抑制，商品进口额下降速度超过关税税率的增速，政府关税收入不断削减。

(二) 关税与经济增长

关于关税与经济增长之间的关系，有两种对立的观点。支持关税保护政策的观点认为，关税可以保护产业，尤其是幼稚产业，促进落后国家产业发展和完善工业体系，有利于经济增长。而支持自由贸易的观点则认为，关税不利于国际贸易的发展，关税通过价格效应扭曲了资源配置，也不利于技术创新，阻碍了经济增长。

征收关税提高了进口商品和国内同类商品的价格，增加了本国生产厂商的利润，促进企业增加投资，投资的增加有利于国民经济的发展，同时生产规模扩大，有助于实现国内生产的规模效应。征收关税还能为政府提供稳定的收入来源，增加政府收入，稳定的收入来源保证了政府支出规模，政府投资的增加对国民产出的增长也将产生积极的促进作用。因此，征收关税有利于推动一国的经济增长。但同时，关税将对征税产业形成保护，在提高该产业要素回报率，吸引国内资源更多向这些产业倾斜的同时，也导致无法基于资源禀赋的比较优势进行要素分配，扭曲资源配置，降低了整个国家资源的使用效率。关税会提高国内消费品价格，导致国内消费水平下降，打击消费信心，不利于一国经济增长。征收关税还会提高进口原材料价格，增加生产成本，本国出口受损，同时，关税的征收还将影响技术进步，关税的征收阻碍了国际贸易的开展，外国高技术进口品进入受阻，本国企业无法顺畅获得国外先进技术，从而不利于一国的技术进步，进而对经济增长具有阻碍作用。

综上所述，理论分析来看，关税对经济增长的影响是多因素综合作用的结果,在不同发展条件、不同时代背景下,关税的经济增长效应呈现出差别化特征。但是,从经济发展和国际贸易政策的实践看,适当程度的关税保护对于发展中国家而言,确实可以推动本国产业发展,促进本国经济增长。

(三) 关税与就业水平

关税政策的一个重要政策目标就是保护就业、提高就业水平。关税通过商品价格的市场信号作用引导生产部门的结构调整,与之相适应的是各部门的劳动力配置也会相应发生变化。如果一国提高进口商品的关税税率,进口商品成本上升,国内市场上的进口商品数量下降,本国竞争性企业更易获得市场机会,从而选择扩大生产规模,劳动力需求增加。因此,加征关税有利于保护国内生产,促进本国就业水平的提高。但该结论的前提是,征收关税后,其他国家没有采取报复性反制措施。如果贸易伙伴国同样提高关税,两国将面临陷入贸易战的危险,关税就无法达到稳定经济和就业的目的,最终受损的是两国的消费者。

一般而言,本国关税削减导致的进口规模扩大将不利于本国生产企业维持竞争力,从而生产规模缩减,劳动力需求下降。但对具体行业而言,不同类型的企业对关税政策的反应可能不同。例如,生产效率较低的企业市场竞争力较差,会出现生产规模缩减甚至退出市场,对劳动力的需求减少;而生产效率较高的企业市场竞争力较强,有能力发挥规模效应,扩大生产规模,降低成本增强产品竞争力,劳动力的需求进一步增加。同时,还需要结合劳动力市场调整特征考虑关税削减的影响。短期来看,劳动力在各部门间的调整将导致劳动力市场出现结构性失业——市场中劳动力的短缺和剩余现象同时存在,从长期看,随着经济结构调整的逐步完成,劳动者会根据市场需要发展和培育自己的知识技能,从而实现就业，关税降低引起的就业水平下降和结构性失业在一个较长的时间里会逐步缓解。

（四）关税与物价水平

对进口商品征收关税，将通过关税的进口价格传递效应对国内价格产生影响，并进而通过国内商品价格影响商品国内消费量、物价水平等。一般而言，进口国国内商品的价格与关税税率存在正向关系，进口关税税率越高，进口商品的国内价格就随之越高。

对贸易小国而言，由于其市场供需状况对国际市场没有影响，关税的征收不改变该商品的国际市场价格，该国进口商品的国内价格将伴随关税的加征而同比增加。对贸易大国而言，国际市场价格将应对本国需求变动而做出调整。当一国政府对进口商品征收关税时，短期来看，由于进口贸易交易往往以合同为基础，价格具有一定黏性，进口商品的国内价格将提高，国内消费者对进口商品的需求下降，转向消费更多的国内同类商品。外国出口商为维持原有销量或市场份额，愿意降低其商品出口价格，由此，进口商品的国内消费价格有所下调，但其下降幅度一般低于关税的增幅，因此，下调后的国内消费价格依旧高于加征关税前的进口商品的国内价格。国内同类商品需求的增加将导致该类产品价格上涨，因此，国内总价格水平表现出上涨态势。

第四节

关税的保护理论

关税的保护理论研究一个国家对进口商品课征关税后，

给予该国经济或产业的保护所达到的水平或保护程度。在理论上,关税的保护程度通常以课征关税后该国经济产生的变化量与课征关税前经济相比较的百分率来表示。反映一国关税对其国内市场保护程度的指标主要有名义关税率、实际税收征收率、名义保护率和有效保护率以及贸易限制指数等。

一、名义关税水平

一国的关税水平通常用平均进口关税率来衡量,而平均关税率又可分为简单平均关税率和加权平均关税率。

(一) 简单算术平均关税

简单算术平均关税是指以一个国家税则中全部税目的税率之和除以税目总数,得到关税税率的简单算术平均数,也称为简单平均关税。其计算公式为

$$简单平均关税 = \frac{税则中所有税目的税率之和}{税则中所有税目之和} \times 100\%$$

简单算术平均法的最大优点是计算简单,只要根据国家公布的税则即可计算该国的关税水平。即使一国调整税率,只要代入相应调整数据,便能迅速获得调整后的关税水平。但该指标不足之处也显而易见:

第一,该方法给予税则包括的所有进口产品同样的权重,没有考虑各种货物实际进口总量(额)的不同对关税水平的影响。部分被征收高关税的产品,由于"禁止性"关税的作用,高关税阻碍进口贸易的进行,使其实际不存在进口,同时,进口额大的产品对进口国进口关税政策实际发挥的作用具有更大的影响力,这些在计算简单平均关税时,均给予同样的考虑,该方法处理相对并不合理。

第二,以该方法计算的关税水平会受税则中税目设置的影响,如果把税率高的税目细分为更多的税目,把税率低的

税目尽可能合并成大类,虽然实际上并没有改变对这些商品适用的税率,但却提高了该国的关税水平。反之,税率高的税目尽量合并,税率低的税目进一步拓展税目,则会降低该国的关税水平。例如,中国税则1992年从海关合作理事会商品分类目录(Customs Cooperation Council Nomenclature – CCCN)向商品名称与编码协调制度(Harmonized Commodity Description and Coding System,简称 Harmonized System – HS)商品分类目录转换时,虽然没有做出关税税率的调整,但由于 HS 商品分类目录较 CCCN 商品分类目录的税目更为细分,转换后的结果使中国关税水平提高了。

对关税进行跨年比较分析时,除了使用简单平均值来比较关税水平的高低,还可以通过比较不同年份关税数据的离散程度大小来判断关税分布结构。一种方法是使用极差,即税率最大值与最小值之差,来反映关税数据的分布范围。另一种方法是关税数据的方差或标准差,但如果两组数据的测量尺度相差太大,或者数据量纲的不同,直接使用方差或者标准差来进行比较不合适,此时就应当消除测量尺度和量纲的影响,而变异系数可以做到这一点,它是原始数据标准差与原始数据平均数的比,其数据大小不仅受变量值离散程度的影响,而且还受变量值平均水平大小的影响。变异系数没有量纲,这样就可以进行客观比较了。

(二)加权算术平均关税

加权算术平均关税是指以一国进口商品的进口额占总进口额中的比重作为权重,计算得到关税税率的平均数的一种方法,也称为加权平均关税。其计算关税的公式为:

$$加权平均关税 = \frac{\sum_i V_i \times t_i}{\sum_i V_i} \times 100\%$$

式中 V_i 为第 i 种商品的进口额,t_i 为第 i 种商品的关税税率。可以看出，加权算术平均法以 $V_i / \sum_i V_i$ 为权重，较简单算术平均法不考虑进口商品的价格和数量，加权算法更能反映实际贸易情况和一国真实关税水平。进口额权重大的进口商品，表明国内生产和消费市场对其需求大，对国内生产企业和消费者的影响也较大。因此，在计算关税水平时，赋予较大权重是合理并能准确测算关税保护水平的选择。根据计算公式中所包含的进口商品的范围不同，加权平均关税可以进一步区分为全部商品加权平均和有税商品加权平均。全部商品加权平均意味着把一定时期内，所有进口商品均包括在计算范围之内，进口额越高，所占权重越大。但如果一国税则中税率为零的税目较多，则计算出的结果数值将偏低；反之，如果税率为零的税目越少，则结果将偏高。为纠正该偏差，学者们提出在计算公式中将税则中税率为零的税目和相应税目下的进口额剔除，仅包含有税税目下的商品进口额作为计算权重的依据。支持有税商品加权平均法的一方认为，各国税则中为零的商品表明该商品具有较强比较优势，无须政府给予保护，因此，在计算关税水平时包含这些商品，将显著低估该国的关税保护水平。但反对一方认为，税率为零表明该商品实际没有受到关税保护，在考察一国关税保护程度时，只有将这些零税率商品包括在考虑范围之内，才能真实反映该国的关税保护水平。

尽管上述平均方法数据易得，计算较为简洁，但无论是简单平均关税法或是加权平均关税法都不能精确衡量贸易限制，主要理由如下：首先，简单平均关税法忽略了不同产品及部门的相对重要性，且将其作为同一比重来衡量，这势必造成极大的误差；其次，尽管进口加权平均关税法能将产品的进口量作为权重，但是这种思路忽略了一个重要的事实，即进口的数量与关税高低有着明显的负相关关系，也就是说关税增加会导致进口量下降，因此使用该指标会低估关税限制的程度；最后，平均关税法最大的缺陷在于缺乏微观经济学基础，因此无法测算贸易政策所带来的福利损失。

二、关税实际征收水平

在实际经济运行中，由于各种名目繁多的关税减免，根据税则计算的关税水平与实际关税存在一定偏差，在现实中，往往借用一个简单判断关税水平的方法，即计算关税实际征收水平，其计算公式为：

$$关税实际征收水平 = \frac{关税征收}{进口总额} \times 100\%$$

关税征收是指海关依据海关税则，向进口贸易商征收的税。使用实际征收的关税收入计算关税实际水平，其优势在于一国税则中许多从量税的存在，在运用之前方法计算关税水平时，一般采取的方法是忽略不计，或者将从量税折成从价税，但折算过程较为困难，准确度也无法保证，使用征收的关税收入无须区分从价税和从量税的不同。同时，一般以WTO成员国享有的最惠国税率（MFN）作为计算依据，但现实中，诸多双边贸易协定、区域贸易协定中协商的更优惠税率往往发挥实际作用，因此，使用最惠国税率高估一国实际关税水平。但该方法也有一定局限性，由于关税征收过程需要经历的程序较多，进出口商首先需要向海关申报出口或进口，提交进出口货物的报关单，接受海关的监督与检查；其次，海关按照查验审核有关单证和货物，计算进出口税额；最后，进出口商结清应征税额，整个过程使关税数据很难与海关协调制度下的税目一一对应。因此，用关税实际征收率衡量国民经济整体的关税水平时，不存在数据困难，但如果细分行业类别进行分析，数据往往难以保证准确性。

三、名义保护率

保护率是衡量一国保护措施对本国某一类产品的保护程度的一种方法。传统的保护率在理论上是以在保护措施作用下，某类商品的国内市场价格超过国际市场价格的差额与国际市场价格的百分比来表示。20 世纪 70 年代，经济学家们提出另一种计算保护率的有效保护理论，并计算出有效保护率（Effective Rate of Protection，ERP）。为了区分两种保护率，将传统的保护率称为名义保护率（Nominal Rate of Protection，NRP）。

名义保护率（NRP）衡量了贸易政策导致的国内商品价格与世界商品价格的差异程度，即国内商品价格与世界商品价格的差额占世界商品价格的比例。该方法用于衡量一国对某类产品的市场准入的限制程度。如果以 P^* 为进口商品的自由贸易价格，P 为进口商品的国内市场价格，名义保护率的表达式为：

$$NRP = \frac{P - P^*}{P^*} \times 100\%$$

名义保护率是相较于自由贸易状况，征收关税后货物或劳务的价格增长的比例。由于国内价格为包含关税价格，实际操作中，进口商品的自由贸易价格很难直观得到，大多数的经验研究采用产品的国际价格，即 P^* 取值为商品的国际市场价格。如果进口小国对外国商品只使用进口关税进行限制，则名义保护率就是名义关税水平。从名义保护率的表达式来看，关税的保护作用取决于进口商品的关税税率，在其他条件相同的情况下，进口关税的税率越高，对于国内生产同类产品部门的保护程度也就越高；反之，保护程度就越低。

四、有效保护理论

传统的关税概念将关税表述为对从国外进口的同类产品征收较高的名义税率，造成国内价格高于国际价格，通过价格差来引导消费从而形成对一个产业的保护。然而，该结论的前提条件是，消费者和生产者面临的价格具有相同的效应，这种分析以单一阶段生产过程的假设为前提。事实上，大多数生产过程是由多个生产阶段组成的，且大多数产品的生产，必须购买中间产品，其中许多中间投入品尚需进口。在这种情况下，给定的名义关税对生产者和消费者价格的形成就具有不同的效应。由此，名义保护率并不能够反映进口竞争产品所受到的实际保护程度，进口竞争产品所受到的保护程度不仅与名义税率有关，还与关税的结构有关。现代有效保护理论认为，一种产品的实际保护程度由该产品的名义关税水平和其生产所需中间投入品的关税水平共同决定，该理论构建的有效保护率与名义保护率之间存在巨大的差异。

关税的有效保护率（Effective Rate of Protection，ERP），也称实际保护率，是在某种产品生产过程中对其增加值提供的一种保护，被定义为征收关税后单位产品附加价值的增加率。如果把实际价格定义为单位增加价值的国内价格，那么实际保护率就是通过关税和其他措施可能实现的实际价格的增加量。假定某最终产品 j 的生产需要 i 种中间投入品，单位产品 j 的增加值可表示为 $V_j = p_j - \sum_i a_{ij} p_i$，其中 p_j 和 p_i 分别表示为国内最终产品和中间投入品价格，a_{ij} 为自由贸易条件下，中间投入品 i 在产品 j 产出值中所占比重，即投入产出系数。根据科登（Corden，1966）、麦尔（Mayer，1971）的定义，有效保护率衡量征收关税前后产品增加值变化率，公式表示为：

$$ERP_j = \frac{V_j - V_j^*}{V_j^*} = \frac{t_j - \sum_i a_{ij} t_i}{1 - \sum_i a_{ij}}$$

式中，ERP_j 为部门 j 的有效保护率；V_j^* 和 V_j 分别为自由贸易和关税征收后的产品增加值；P_i 代表国内生产者面对的商品 i 的国内价格，即 P_i^*（$1 + t_i$），P_i^* 为商品 i 的国际市场价格；t_j 和 t_i 分别为最终产品 j 和中间投入品 i 的名义关税税率。

现实中，实际资源配置不仅取决于对产品本身的名义保护，还取决于对中间投入品的保护程度（比如各种税收和补贴）以及投入产出系数的影响，而关税的有效保护率（ERP）就综合了这三个方面的影响因素，因此能够更好地衡量对促进或遏制某种经济活动的有效性。许多经济学家认为，有效保护率充分考虑了对投入品所征关税导致的保护水平的变化，准确地衡量了一国整套关税结构对本国某产业的实际保护程度，是反映贸易保护扭曲程度的最优度量指标，是研究在多边贸易体制给定的名义关税率约束下，如何用最小的保护成本，提高关税的有效保护程度，优化关税的有效保护结构的问题时更为适宜的分析工具。此外，有效保护率连接了受贸易政策影响的生产和消费领域，能够对关税升级、负有效保护率等进行有效的监测。

五、贸易限制指数理论

贸易限制指数（Trade Restrictiveness Index，TRI）理论在 20 世纪 90 年代首先由安德森和尼瑞（Anderson & Neary）提出，他们借助可计算的一般均衡模型，将各种贸易政策的限制程度都刻画为一个统一关税，从而构造了度量各种贸易政策限制程度的贸易限制指数。芬斯特拉（Feenstra，1995）

第一章 关税综论

年在安德森和尼瑞一系列研究的基础上,将一般均衡的贸易限制指数发展为局部均衡的贸易限制指数,从而使贸易限制指数的测算更加简便。由此,贸易限制指数的一般均衡和局部均衡模型相互补充、相互借鉴,又经过后来的学者们的不断补充和完善,已经成为学术界主流的、应用最广的贸易政策限制程度的评价理论。在经济全球化的今天,多数国家实施市场经济体制,世界市场的统一性增强,商品价格的传导加速,使用安德森—尼瑞—芬斯特拉(Anderson – Neary – Feenstra)的 TRI 指数,将不同的关税设置转换为统一关税,诸多实证研究验证了该指数的可比性,既可以用来对不同国家进行横向比较,也可以进行时间序列的纵向分析。

贸易限制指数与传统测算贸易政策保护水平的贸易加权平均关税具有较高的相关系数,但是贸易加权平均关税低估了整体贸易政策的真实保护水平,更为重要的是,贸易限制指数分析以经济理论模型为基础,其指数能有效与 GDP 数据结合,得到对贸易政策变化的福利效应的测算。运用贸易限制指数度量各国贸易政策的限制水平以及运用贸易限制指数理论评价贸易政策变化的福利效应以及贸易效应等,是贸易限制指数理论应用中最重要的内容。学者们或运用一般均衡和局部均衡的贸易限制指数,或运用修改完善的贸易限制指数,测算并分析各个国家贸易政策限制程度的变化。

第二章

中国关税政策现状

第一节 中国关税政策

2001年12月11日,中国加入世界贸易组织(World Trade Organization,WTO),成为该组织的第143个成员。加入世界贸易组织不仅是中国对外开放的一个里程碑,也是国民经济发展的一个重要转折点。21年间,中国通过深度参与国际分工,使得自身在全球价值链中的地位稳步提升,成为120多个国家和地区的主要贸易伙伴。经过多年快速发展,中国已经形成规模庞大、配套齐全的完备产业体系,是全世界唯一拥有全部工业门类的国家,中国进口贸易额由2001年的2万亿元增加至2021年的17.4万亿元,贸易额增长了8.7倍。中国目前已成为全球第一大出口国和第二大进

第二章 中国关税政策现状

口国,稳居货物贸易第一大国地位。这些亮眼的数据,离不开中国政府各项深化改革,加大开放的政策制定和贯彻实施。在各项深化改革开放的政策措施中,关税以其政策意图明确,作用方向精准,调整力度可控,经济效果显著等特点而成为促进贸易最有效的政策措施之一。

关税政策并非一成不变,需要根据不同时期国家的经济、政治和社会状况和要求进行适当的调整。关税政策的调整一般可分为两种方式:一是自主性调整;二是具有外部约束的调整。自主性关税政策调整是根据本国比较优势和产业结构的具体情况,充分考虑国内经济状况和国际经济形势而实施的调整。外部约束的调整则不然,它强调一国签署国际协议,严格执行协议规定,对本国关税政策进行调整。两种方式比较,自主性调整的政策目标和实施阶段灵活,但由于内部各利益集团间博弈可能造成政策调整的周期较长,而外部约束调整则具有一定强制性,有较为确定的目标设定和调整时间表。两种方式并非完全独立,国际关税协议的签署,必然以充分考虑一国内部经济情况为前提,同时,关税协议的调整目标往往针对经济总体或部门设定,具体细分产品的关税依旧存在为实现产业政策而进行调控的空间。

从实践上看,加入世界贸易组织后中国的关税政策调整经历了外部约束调整为主和自主性调整为主的两个阶段。2001年加入世界贸易组织至中国政府宣布完成关税削减承诺的2010年为第一阶段,该阶段以外部约束调整为主。中国加入世界贸易组织后的关税政策的制定必须符合WTO各项协议的要求,如中国在入世谈判中就农产品和工业品关税所做出的减让反映在《中华人民共和国加入议定书》附件8"货物贸易减让表"中,根据减让表的规定,中国关税总水平2005年降至约10%,其中工业品将由13%降至约9.3%,农产品由19.9%降至15.5%。2011年之后则以自主性调整为主，中国政府根据产业发展战略与国际经济形势的变动，在符合 WTO 相关规则的前提下，自主调整本国关税政策。加入世界贸易组织后中国进口贸易规模迅速增长，进口产品种类日益多样化，这些正是中国关税产业结构不断优化，关税职能不断完善，关税法律制度逐步健全的反映（财政部关税司，2019；苏铁，2021；李钢和叶欣，2021；王志刚和张帅，2022）。加入世界贸易组织后，中国关税政策经历了多重转变，主要体现在三个方面，关税税率显著下调，税法税则逐步完善和优惠政策日益灵活。

一、关税税率显著下降

2001 年底正式成为 WTO 成员之后，中国着手根据 WTO 规则和国际海关组织的相关规定，对本国进出口关税条例进行修订，新版《中华人民共和国进出口关税条例》于 2004 年 1 月 1 日生效实施[①]。关税条例对进口关税税率的设置和适用进行了重新定义和表述，进口关税设置由原条例的优惠税率、普通税率两栏税率，进一步明确进口关税设置最惠国税率、协定税率、特惠税率、普通税率、关税配额税率等税率，对进口货物在一定期限内可以实行暂定税率。由此，中国目前关税主要包括 4 种，分别是最惠国税率、暂定税率、协定税率和特惠税率。最惠国税率是中国对大多数国家进口货物适用的税率，包括两类对象：一是从世贸组织成员国进口的货物；二是从与中国签订相互给予最惠国待遇条款的双

---

① 《中华人民共和国进出口关税条例》于 1985 年 3 月 7 日由国务院发布，1987 年 9 月 12 日，由国务院修订发布。1992 年 3 月 18 日，根据《国务院关于修改〈中华人民共和国进出口关税条例〉的决定》第二次修订发布。加入 WTO 后，新版《中华人民共和国进出口关税条例》由国务院于 2003 年 11 月 23 日发布，自 2004 年 1 月 1 日起施行。分别于 2011 年 1 月 8 日、2013 年 12 月 7 日和 2016 年 2 月 6 日进行了修改。

第二章　中国关税政策现状

边贸易协定的国家或地区进口的货物。在各种不同的关税税率中，适用最惠国税率的商品所占的比重最大。暂定税率是指对进出口的部分商品在一定期限内实施的关税税率，这是一种比较常见的自主降低关税的方式。进口暂定税率一般比最惠国税率低。在中国，根据国民经济发展需要，对暂定税率实行动态管理，既可以调整暂定税率，也可以取消已经设置的暂定税率。协定税率是指按照签署的贸易协定或优惠贸易安排实行的关税税率，一般比最惠国税率低。协定税率具有较强的约束性，在协定有效期间，税率一般不得自行更改或废除。第四种关税税率叫特惠税率，它是中国单方面给予最不发达国家的特殊优惠关税待遇。具体税率种类与适用情形见附录1。

加入 WTO 后中国关税演进有 3 个重要时间节点：2001 年加入 WTO 后的关税减让、2010 年完成加入 WTO 的关税减让承诺和 2018 年自主大幅降低关税的改革。

自加入世界贸易组织以来，中国忠实履行承诺的关税减让义务，逐年降低关税税率。2001 年当年大幅下调了 5332 种商品的进口关税，且降税商品都集中在关税税率较高、进口量较大的商品，关税总水平降低到 15.3%，农产品平均关税税率降到 18.8%，工业品平均关税税率降到 14.7%。2002 年，中国进一步下调关税，关税总水平下调至 12%，农产品和工业品平均关税税率分别降到 18.1% 和 11.3%。2003 年 1 月 1 日，中国关税总水平降低至 11.3%，有 3000 多个税目的税率有不同程度的降低，农产品平均税率降低到 16.8%，降幅为 7.2%，工业品平均税率降低到 10.3%，降幅为 8.8%。2004 年中国关税总水平降至 10.4%，降幅为 8%，涉及 2400 多个税目的税率调整。2005 年 1 月 1 日，中国进一步降低进口关税，是中国履行 WTO 关税削减承诺过程中，实施较大幅度降税的最后一年，关税总水平降至

9.9%，其中农产品平均税率由15.6%降低到15.3%，工业品平均税率由9.5%降低到9.0%。进口税则中共有980个税目的最惠国税率有不同程度的下调，占总税目数的13%。零关税税目由535个增至638个，净增103个。随着关税水平的不断降低和进口商品结构的变化，进口的主要税源商品进一步向低税率区间集中，占应税商品进口总值92.5%的进口商品的关税税率集中在0—10%，较上年提高42个百分点。与其他发展中成员对世贸组织所承诺的关税税率相比，中国关税总水平明显低于印度（48.5%）、印度尼西亚（37.1%）、墨西哥（36.1%）、巴西（31.4%）、阿根廷（31.9%）和南非（19%）等多数发展中国家。

2006年1月1日，中国进一步降低进口关税税率，涉及143个税目的商品，占税目总数的1.8%，如进口小轿车、小客车、越野车等汽车整车的关税由30%降至28%，部分进口化妆品的关税由16%降至12.8%。由于税率下降的幅度和税目数都有明显地减少，因此此次降税对关税总水平影响不大，2006年的关税总水平仍为9.9%，其中农产品平均税率小幅降至15.2%，工业品平均税率仍为9.0%。至2007年1月1日，在降低了鲜草莓、坚果、燃料液压油及部分化工初级产品等44个税目商品进口关税后，工业品平均税率维系在8.95%。2008年，中国关税总水平降至9.8%，其中农产品平均税率为15.2%，工业品平均税率为8.92%。2010年1月1日起，在对聚酯布、黄酒等5个税目的最惠国税率调整之后，工业品平均税率下调为8.9%，至此降税承诺全部履行完毕。

党的十八大以来，关税税率调整从侧重稳定规模向优化结构转变，从保障生产向生产与消费并重转变，从注重保护国内市场向充分利用国内、国际两个市场、两种资源、两套规则转变，同时也基本实现了多年以来从"高税率、窄税

第二章 中国关税政策现状

基"向"低税率、宽税基"的转变目标。2011—2015年，中国关税总水平维持9.8%，关税约束率自2005年起一直维持在100%。如果考虑贸易结构的因素，中国实际的贸易加权平均税率更低至4.4%，已经接近发达成员国的水平。2018年进一步大幅降低关税，降税产品既包括能够促进国内供给体系质量提升的工业品，又包括能够满足人民群众消费升级需要的消费品，兼顾生产需要和消费需求①。具体内容包括，一是高度重视人民健康与福祉，全面降低药品关税，将包括抗癌药品在内的所有普通药品和具有抗癌作用的生物碱类药品、有实际进口的中成药等共28个税目的进口关税调整为零，同时，还较大幅度降低了抗癌药品生产、进口环节增值税税负；二是以开放促发展，对218个税目的汽车及零部件降税，降税后中国汽车整车税率已低于发展中国家的平均水平，符合中国汽车产业实际；三是为满足人民美好生活需要，对1449个税目的日用消费品降税，平均降税幅度达55.9%；四是为适应产业升级、降低企业成本，对1585个税目的机电设备、零部件及原材料等工业品实施降税。以上降税措施使中国的关税总水平降至7.5%，平均降幅高达23%。调整后的关税总水平略高于欧盟，低于大多数发展中国家，处于中等偏低水平，与中国发展中国家地位和发展阶段基本匹配。

在2021年10月22日结束的WTO第八次对华贸易政策审议中，中国政府在会前共收到2250个书面问题，65个成员代表在会上发言，从侧面说明了中国经济贸易政策对全球的外溢效应。各成员首先充分肯定中方主动降低关税，压减外资准入负面清单，不断扩大市场准入，积极推动贸易投资

---

① 国务院关税税则委员会发布公告，自2018年11月1日起，降低1585个税目的进口关税。至此，中国关税总水平将由上年的9.8%降至7.5%。

自由化、便利化，为各成员提供广阔市场；其次，充分认可中国维护多边贸易体制、参与世贸组织各项工作方面的努力以及在帮助其他发展中国家融入多边贸易体制方面所作的积极贡献；最后，作为主要经济体中唯一实现正增长的国家，各方对中国积极参与国际抗疫合作、向发展中国家提供疫苗表示赞赏。此外，一些成员表达了对中国的更高期待和具体关注，如期待中国继续缩短服务负面清单，创造更加良好的营商环境，希望中国进一步提高补贴等政策的透明度，并且敦促中国在国有企业等领域加快实施市场化政策。

二、税法税则逐步完善

按照 WTO 非歧视性、透明度、贸易自由化等基本原则，中国制定了一系列配套的征管制度和作业流程，有关税则归类、原产地确认、关税征管的诸多法律法规重新得以修订。

（一）税则归类方面

《协调制度》（Harmonized System，简称 HS），全称为《商品名称及编码协调制度》，是世界海关组织（WCO）主持制定的一部供国际贸易各方共同使用的商品分类编码体系。按照生产部类、自然属性和不同功能用途，《协调制度》将国际贸易涉及的各种商品分为 21 类、共 97 章。《协调制度》于 1988 年 1 月 1 日正式实施，为适应国际贸易及商品的发展，WCO 一般每 5 年会对《协调制度》进行一次较大范围的修订。HS 编码"协调"涵盖了《海关合作理事会税则商品分类目录》（CCCN）和联合国的《国际贸易标准分类》（SITC）两大分类编码体系，是系统的、多用途的国际贸易商品分类体系。

1992年，中国加入《协调制度公约》后，开始以世界海关组织《商品名称及编码协调制度》为基础设置税则税目，并分别在1996年、2002年、2007年、2012年、2017年和2022年，与世界海关组织协调制度进行了同步改版。中国以《协调制度》（2002年版）为基础修订《中华人民共和国海关进出口税则》。2003年12月，首次出版《中华人民共和国进出口税则——统计目录本国子目注释》，对《进出口税则》本国子目的商品名称及范围进行解释，填补了多年来《进出口税则》和《海关统计目录》在本国子目商品归类法律依据及范围和解释方面的空白。2007年，《中华人民共和国海关进出口货物商品归类管理规定》的出版，确定了商品归类应当遵循客观、准确、统一的原则，税则税目设置注重科学化、精细化，提高了关税政策的针对性和有效性。

中国采用的《协调制度》分类目录，前6位数是HS国际标准编码，第7位、8位是根据中国关税、统计和贸易管理的需要加列的本国子目，同时，还根据代征税、暂定税率和贸易管制的需要对部分税号增设了第9位、10位附加代码。中国根据国内需要对税则税目进行了较大范围的调整和细化，针对部分中国特有的、贸易量较大或增长较快的产品、新技术产品以及实施进出口管理措施的商品，增设了1400多个本国子目，8位税目数量由2001年的7111个逐步增至2011年的7977个，2017年税则税目总数增至8547个，至2021年税目总数已达8580个，税目数量增长了20.7%。2022年版《协调制度》经海关合作理事会年会审议通过并于2022年1月1日生效。为适应国际贸易的发展，履行《协调制度公约》缔约方的义务，保证新版《协调制度》在国内有效实施，中国于2021年10月8日发布了2022年版《协调制度》修订目录中文版。根据最新版，2022年税则共包括 8 位税目 8930 个，较 2021 年净增 350 个，其中随《协调制度》转版新增 581 个，删除 279 个，自主调整新增 91 个，删除 43 个。

目前，全球 98% 以上的国际贸易都使用《协调制度》目录，该目录被称为国际贸易的通用语言。因此，国家的贸易政策就会不可避免地在目录上得以体现，各国在 WCO 归类技术议题上的争议，背后往往都隐藏着各自的经济利益。自实施《协调制度》以来，中国参加了 WCO 归类技术委员会的历次会议，积极参与国际交流与合作，从最初的完全被动接受 WCO 的归类决议，到现在逐步掌握游戏规则，在充分尊重《协调制度》原则的基础上，积极争取有利于本国经济利益的商品归类。在 2022 年版《协调制度》修订中，中国 45 组提案及修订意见获采纳，其中"玻璃车窗""通信天线""无人机""不锈钢真空保温容器"等被列入了新版《协调制度》，解决归类争议，助力中国优势产品获得更广阔国际市场，同时，为明确"微生物油脂""3D 打印机""集成电路检测设备"等产品的归类而提供的"中国方案"获得通过，并将北斗导航系统等中国元素及"单板层积材"国家标准纳入《协调制度注释》。

（二）原产地管理方面

2001 年 12 月 11 日，中国根据 WTO《原产地规则协议》的要求，制定了统一的进出口货物原产地规则，实施进口货物原产地预确定制度。2005 年 1 月 1 日，国务院实施《中华人民共和国进出口货物原产地条例》，明确了实施最惠国待遇、反倾销和反补贴、保障措施、原产地标记管理、国别数量限制、关税配额等非优惠性贸易措施对进出口货物原产地的确定规则。2009 年 3 月，《中华人民共和国海关进出口货物优惠原产地管理规定》生效实施，规范了优惠贸易协定项下进出口货物原产地管理规则。

第二章 中国关税政策现状

（三）税收征管

2004年1月1日实施的《中华人民共和国进出口关税条例》规定，为避免国家税款流失，明确报关企业接受进出口货物收发货人的委托，以委托人的名义办理报关纳税手续的，委托人为纳税义务人。因报关企业责任造成税款少征、漏征的，报关企业负有连带纳税义务。2005年，《中华人民共和国海关进出口货物征税管理办法》确立了加强海关税收管理，确定了进出口货物准确归类、正确估价、依率计征、依法减免、严肃退补、及时入库的征税原则，明确了进口环节税的征收管理也适用与关税相同的征收管理规定。此外，2010年相应海关公告，规范和统一了个人邮递物品和进境旅客行李物品海关验放标准和征免税规定。

三、优惠政策日益灵活

加入世界贸易组织前，中国进口关税减免以特定减免为主，法定减免为辅，临时减免为特例。加入世界贸易组织之后，关税优惠政策从区域优惠转向产业优惠为主，进而实现向多边减免为主。

一方面，继续实施专项关税优惠政策，基本目标是调整减免税政策类别比重，更好地引导资源要素的合理配置。采取暂定关税等方式，实质性降低部分商品的进口关税水平。为促进中国相关产业发展，满足高新技术产品生产需求，有效促进进口，中国对部分产品实施了低于最惠国关税税率的暂定税率。虽然没有降低约束税率，但通过暂定关税的形式，做到了实质性降低关税水平。中国进入暂定税率名单的商品逐年增多，到2021年，共对883项商品（不含关税配额商品）实施进口暂定税率，占税则税目数超过10%（海关总署公告2020年第135号）。此外，中国有相当一部分产品，长期以来都在暂定税率名单之内，包括能源资源性产品、关键设备和零部件、农业生产资料、促进消费和改善民生的日用品、与公共卫生相关的产品等，这类产品长期处于低关税状态。

充分发挥保税监管场所和海关特殊监管区域的保税功能，针对货物实施视同"境内关外"进出口税收政策，即经过保税监管场所和海关特殊监管区域不进入关内的货物处于实质性免关税状态。近年来，这两类海关特殊监管场所进出口总额逐年上升。2021年，保税监管场所进出境货物总额达2.45万亿元，占全国一般贸易总额的6.58%，海关特殊监管区域共实现进出口额5.16万亿元，占一般贸易总额的13.8%。因此，海关特殊监管区域和保税监管场所的保税功能，显著降低了进口关税的实质水平。此外，对在海关特殊监管区域外的加工贸易企业，以账册形式进行管理，实际上也免除了中间品的进口关税。

另一方面，通过签订自由贸易协定，以原产地规则实施更大规模的减免税安排。党的十七大首次将自由贸易区建设提升为国家战略；党的十八大提出加快实施自由贸易区战略；党的十九大提出促进自由贸易区建设，推动建设开放型世界经济；国家"十四五"规划纲要明确要求，实施自由贸易区提升战略，构建面向全球的高标准自由贸易区网络。全球多边贸易体制的建立并不排斥各成员自愿结合的双边以及区域性贸易自由化安排，相反，在全球多边贸易体制主导和样板参照下，建立的各种双边以及区域性贸易自由化安排，与全球多边贸易体制共同构成了全球贸易治理体系。

截至2021年10月，中国已与26个国家和地区签署了19个自由贸易区协定（见表2-1）。自贸协定对中国关税水平有着较大影响。中国自贸协定中零关税产品比重普遍在90%以上，且产品涵盖的范围极广，基本包括了所有的非农

第二章　中国关税政策现状

产品。例如，中国—韩国自贸协定零关税比例是91%，中国—澳大利亚自贸协定零关税比例是96.8%。中国目前已生效实施的自贸协定，共涵盖了8000余种零关税的进口产品。中国货物贸易最惠国平均关税是7.5%，而自贸协定使中国与自贸伙伴之间90%以上的贸易均实现零关税，完全实现了关税自由化。截至2020年，自由贸易协定伙伴占中国对外贸易总额的比重由2012年的12.3%上升近35%；就投资关系而言，2020年中国对外投资的近70%是对自由贸易伙伴国家投资的，吸引外资的84%来自自由贸易协定的伙伴，这使中国获得更加稳定的产业链和供应链。作为全球最大的自贸协定，《区域全面经济伙伴关系协定》（RCEP）于2022年1月1日起正式生效，首批覆盖的国家包括文莱、柬埔寨、老挝、新加坡、泰国、越南等东盟6国和中国、日本、新西兰、澳大利亚等非东盟4国；2022年2月1日起RCEP对韩国生效；2022年3月18日起对马来西亚生效。RCEP将会为区域和全球经济注入新的增长动力，加快区域和全球经济复苏。

表2-1　　　　　　　中国已签订的自贸区协定一览表

序号	协议	签订时间
1	内地—香港关于建立更紧密经贸关系的安排（CEPA）	2003年3月
2	内地—澳门（CEPA）	2003年10月
3	中国—东盟	2004年11月
4	中国—智利	2005年11月
5	中国—巴基斯坦	2006年11月
6	中国—新西兰	2008年4月
7	中国—新加坡	2008年10月
8	中国—秘鲁	2009年4月

续表

序号	协议	签订时间
9	中国—哥斯达黎加	2010年4月
10	中国—台湾海峡两岸经济合作框架协议（ECFA）	2010年6月
11	中国—冰岛	2013年4月
12	中国—瑞士	2013年7月
13	中国—韩国	2015年6月
14	中国—澳大利亚	2015年6月
15	中国—东盟（升级）	2015年11月
16	中国—格鲁吉亚	2017年5月
17	中国—智利（升级）	2017年11月
18	中国—马尔代夫	2017年12月
19	中国—新加坡（升级）	2018年11月
20	中国—毛里求斯	2019年10月
21	中国—柬埔寨	2020年10月
22	中国—《区域全面经济伙伴关系协定》（RCEP）	2020年11月

资料来源：中国自由贸易区服务网。

此外，为应对波谲云诡的国际经贸形势，中国特别强调关税手段运用的原则性和灵活性的高度统一。例如反制贸易霸凌，妥善应对中美贸易摩擦，对美加征关税进行数次反制。第一轮反制，中国对美国500亿美元商品与美方同步分两次加征25%关税，具体安排：自2018年7月6日起，对原产于美国的545项农产品、汽车、水产品等约340亿美元商品实施加征关税，同年8月8日，国务院关税税则委员会，对原产于美国333项、约160亿美元的商品加征25%的关税；第二轮反制，中国对美国600亿美元商品，与美方同步加征10%、5%关税，同年9月18日，对3571项商品加征10%的关税，对1635项商品加征5%的关税；第三轮反制，中国对美国750亿美元商品，也分两个清单与美方同步加征10%、5%关税。另外，为了兼顾经济发展和人民生活需求，中国实施了关税延迟加征的措施。经国务院批准，2019年9月17日和12月26日起实施第一批对美国加征关税商品第一次排除清单和第二次排除清单；于2020年2月28日和5月19日起实施第二批对美国加征关税商品第一次排除清单和第二次排除清单；于2020年3月2日起开展对美国加征关税商品市场化采购排除工作。

第二节 中国关税水平与结构分析

一、中国关税收入

改革开放以来，中国的关税收入由1978年的29亿元，增至2021年的2806亿元，增长了近100倍（见表2-2）。关税收入的快速增长与中国坚持改革开放，加强与贸易伙伴国紧密合作，扩大进口规模，充分利用国际资源发展本国经济密不可分。关税收入自1978年，经历6年增长超过了100亿元，之后历时7年超过200亿元，这些数字显示，这段时间关税收入增速没有明显变化，但1992年之后，关税收入增速加快，1999年达到562亿元，2004年突破1000亿元大关，2010年超过2000亿元，之后一直保持增长态势，于2017年达到历史最高值2998亿元。

表 2-2　中国关税收入与全国税收收入一览表（1978—2021 年）

年份	关税收入（亿元）	税收总收入（亿元）	关税占总税收比重（%）	年份	关税收入（亿元）	税收总收入（亿元）	关税占总税收比重（%）
1978	29	519	5.54	2000	750	12582	5.96
1979	26	538	4.83	2001	841	15301	5.49
1980	34	572	5.86	2002	704	17636	3.99
1981	54	630	8.58	2003	923	20017	4.61
1982	47	700	6.78	2004	1044	24166	4.32
1983	54	776	6.95	2005	1066	28779	3.70
1984	103	947	10.88	2006	1142	34804	3.28
1985	205	2041	10.06	2007	1433	45622	3.14
1986	152	2091	7.25	2008	1770	54224	3.26
1987	143	2140	6.67	2009	1484	59522	2.49
1988	155	2390	6.48	2010	2028	73211	2.77
1989	182	2727	6.66	2011	2559	89738	2.85
1990	159	2822	5.63	2012	2784	100614	2.77
1991	187	2990	6.26	2013	2631	110531	2.38
1992	213	3297	6.45	2014	2843	119175	2.39
1993	256	4255	6.03	2015	2561	124922	2.05
1994	273	5127	5.32	2016	2604	130361	2.00
1995	292	6038	4.83	2017	2998	144370	2.08
1996	302	6910	4.37	2018	2848	156403	1.82
1997	319	8234	3.88	2019	2889	158000	1.83
1998	313	9263	3.38	2020	2564	154312	1.66
1999	562	10683	5.26	2021	2806	172731	1.62

资料来源：中国经济网统计数据库。

在增长的总趋势下，可以看到在 1986 年、2002 年、2009 年、2018 年和 2020 年关税收入都较前一年有所下降。具体分析，改革开放初期，为加强与国际的经济交流，中国需要大量的外汇支持，而关税是获取外汇最直接快速的手段

第二章 中国关税政策现状

之一,国家通过各种手段积极推动对外贸易发展,因此关税收入出现快速增长。经过几年的积累,外汇已经不再是制约中国与其他国家进行经济往来的制约条件,以增加关税收入为目的而设置的较高税率成为中国与其他国家经贸交往的障碍,因此中国对有关税率开始逐步下调,1986年的关税收入也随之下降。2001年中国加入WTO,正式成为其成员。2002年是中国为实现加入世界贸易组织的关税削减承诺,开始大幅度削减关税的第一年,2002年关税收入较前一年下降了137亿元,降幅达16.3%,由关税收入的下滑可见当年关税削减力度之大。2008年全球金融危机爆发,国际经济萎缩,作为全球生产价值链上重要一员的中国也不可避免受其负面影响,进口需求缩减,2009年关税收入有所下滑。2018年,中国在完成加入世界贸易组织关税削减承诺之后,首次自主大幅削减生产和消费类产品的关税,降低本国生产厂商的进口成本,提高其产品竞争力,降低国内消费品价格,提高消费者福利水平,由此,当年关税收入下降明显。最近的关税收入下滑发生在2020年,无疑,突如其来的新冠肺炎疫情的干扰是主因,疫情扰乱了全球供应链,给全球很多行业摁下了"暂停键",全球经济低迷,中国进口不可避免受其负面影响,关税收入下滑。

分析税收总收入增长趋势,税收总收入由1978年的519亿元增至2021年的17.3万亿元,增长了300多倍,可见,总体而言,关税收入的增速远低于税收总收入。具体分阶段分析,1978—1985年,关税收入增速超过税收总收入,关税占总税收比重由1978年的5.54%增至1985年的10.06%。高关税虽有利于关税收入的增长,但却成为深化改革开放的阻碍。中国政府于1986年调整并降低部分关税,之后关税收入占比一路走低,于1998年达到低点3.38%。2001年中国加入WTO后,关税大幅削减,关税收入占税收总收入比重持续下降,2009年降至3%以下,2018年更是降至2%以下,2021年达到历史最低点1.62%,这说明关税组织财政收入的职能日益弱化,政府更注重发挥其协调产业发展和优化产业结构的职能。

二、中国关税总水平

2001年12月11日,中国正式加入世界贸易组织。自2002年1月1日起,中国开始履行承诺的入世关税减让义务,先后4次对关税进行大幅度削减。表2-3包括中国2001—2021年名义关税率、关税收入、进口贸易额、关税实际征收率等信息。可以看出,2001年名义关税水平为15.3%,之后逐年削减,2002年为12%,2003年和2004年分别降至11.3%和10.4%,2005年关税降低至9.9%。此后的关税削减涉及商品范围有限,对关税总水平的影响不大。2010年中国完成履行加入世界贸易组织承诺的全部关税减让义务,之后关税水平维持在9.8%,关税政策以产品结构调整为主,总水平调整为辅,更侧重于对税则税目的整理和细化。

表2-3　　中国名义关税率与关税实际征收率（2001—2021年）

年份	名义关税率（%）	关税收入（亿元）	进口额（亿元）	关税实际征收率（%）	实际征收率占名义平均关税比重
2001	15.3	841	20159	4.17	0.27
2002	12	704	24430	2.88	0.24
2003	11.3	923	34196	2.70	0.24
2004	10.4	1044	46436	2.25	0.22
2005	9.9	1066	54274	1.96	0.20
2006	9.9	1142	63377	1.80	0.18
2007	9.8	1433	73297	1.95	0.20

续表

年份	名义关税率（%）	关税收入（亿元）	进口额（亿元）	关税实际征收率（%）	实际征收率占名义平均关税比重
2008	9.8	1770	79527	2.23	0.23
2009	9.8	1484	68618	2.16	0.22
2010	9.8	2028	94700	2.14	0.22
2011	9.8	2559	113161	2.26	0.23
2012	9.8	2784	114801	2.43	0.25
2013	9.8	2631	121038	2.17	0.22
2014	9.8	2843	120358	2.36	0.24
2015	9.8	2561	104336	2.45	0.25
2016	9.8	2604	104967	2.48	0.25
2017	9.8	2998	124790	2.40	0.25
2018	7.5①	2848	140880	2.02	0.27
2019	7.5	2889	143254	2.02	0.27
2020	7.5	2564	142936	1.79	0.24
2021	7.4	2806	173661	1.62	0.22

注：①2018年1月1日中国关税平均水平为9.8%；2018年11月1日，中国关税平均水平降至7.5%。

资料来源：国家统计局网站；历年《中国统计年鉴》《财政统计年鉴》和WTO网站。

2018年中国进一步大幅降低关税，降税产品范围广，涉及工业品和居民消费品。2018年5月，国务院关税税则委员会发布公告，大幅降低汽车整车及零部件进口关税。汽车整车的平均税率由21.5%降至13.8%，汽车零部件的平均税率由10.2%降至6%。汽车产业只是受益行业之一。同年，中国先后4次对药品、日用消费品和部分工业品等自主降低最惠国税率，涉及3000多个税目，关税总水平由9.8%降至7.5%，这是中国入世降税承诺完成后，第一次较大幅度地降低关税总水平。2018年的自主降税举措显示了中国作为全球第二大经济体坚定不移深化改革、扩大开放的决心，也是对贸易保护主义的有力回击。自主降税是开放福利惠及于民的有效措施，也是降低生产成本、促进产业升级的有力举措，在全球经贸环境恶化和经济面临下行压力的情况下，对于稳定市场和促进进口发挥了积极作用。2021年10月14日，李克强总理在第130届中国进出口商品交易会暨珠江国际贸易论坛开幕式上表示，"目前关税总水平已经降至7.4%，在世界上处于较低水平。"

表2-3数据还包括关税收入、进口贸易额和两者相除获得的关税实际征收率。关税的实际征收率可以看作是一国经济整体上的实际关税水平。2001—2021年的中国进口关税实际征收率均远低于名义进口关税税率。表2-3中最后一列数据为实际征收率占名义关税率的比重，从数据变动来看，除了2006年的最低点，实际征收率占名义关税率的比重仅为0.18，其他年份基本维持在0.2—0.27之间，中国进口产品关税保护程度显著低于名义关税。入世21年以来，中国关税实际征收平均水平为2.33%，仅为名义关税水平的23.5%。偏差的形成有贸易交易主体相机抉择的市场行为的影响，如出口商为增强其产品出口价格优势，根据进口国关税税则，加大享有低关税或优惠关税的商品出口，进口商为降低进口成本，调整其进口商品结构，更多的进口具有可替代性的低关税产品。此外，名目众多的双边或多边关税优惠政策也造成实际征收率远低于名义税率。

分年具体分析，关税总水平的削减直接导致中国2002年进口额稳步增长的同时，关税收入由2001年的840亿元降至2002年的704亿元。随后几年的关税收入增幅也低于同期进口贸易额。2003年关税收入和进口贸易额分别为923亿元和3.4万亿元，关税收入增速为31%，同期进口贸易额增速为40%，2004年和2005年对比更为显著，2004年关税收入与进口额增速为13%和36%，2005年为2%和17%，2006年为7.1%和16.7%，关税收入的增幅多年均

第二章 中国关税政策现状

低于进口贸易额的增长幅度，这导致关税实际征收率，即关税收入占进口贸易额的比重一直持续下滑，2001年和2002年实际征收率为4.17%和2.88%，2003年进一步降至2.7%，2004年和2005年分别为2.25%和1.96%，2006年关税收入和进口贸易额分别为1142亿元和6.3万亿元，而此时，实际征收率达到了历史第二低点1.8%。由此，这些数据表明中国关税政策调整显著地降低商品进口壁垒，且关税削减切实针对存在大量进口的商品，而非避重就轻，有选择性地降低对进口格局影响不大的商品的名义关税。2006年以后，随着国内消费需求的扩大，部分高关税的消费品进口增多，导致实际关税抬升。2007年，关税实际征收率有所回升，至2008年回升至2%以上，之后多年徘徊在2.14%—2.48%之间。为更清晰观察关税实际征收率的波动变化规律，将加入世界贸易组织后中国的关税实际征收率变动情况显示于图2-1。从图2-1中可以看出，加入世界贸易组织后，关税的实际征收率波动分三个阶段，2001—2006年，持续下滑阶段，2007—2017年的11年间，震荡波动时期，2018—2021年，再次削减阶段。

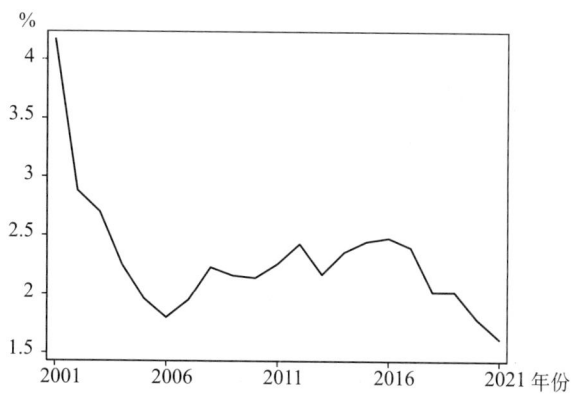

图2-1 中国关税实际征收率波动（2001—2021年）

2018年，中国进一步自主大幅削减关税，降税导致了2018年实现的关税收入2848亿元，低于上一年的2998亿元，但较低的税率极大地促进了进口贸易发展，进口贸易额从2017年的12.5亿元增至2018年的14.1亿元，关税实际征收率降至2.02%，同期出口额只有1.1万亿元的增幅，当年贸易顺差较上年缩减17.9%。2019年中国关税收入与进口额均小幅增长，当年关税实际征收率维持上一年水平，同期出口增长快于进口，贸易顺差恢复到与2017年持平的2.9万亿元。近两年全球市场受新冠肺炎疫情的影响而低迷，2020年中国进口需求萎缩，导致进口额有所下降，关税收入的下降幅度更为显著，关税实际征收率为1.79%，而2021年进口贸易规模虽然有所回调，但关税收入的涨幅低于进口规模，关税实际征收率达到了历史最低点，1.62%。同时，受中美贸易摩擦的影响，全球传统的产业供应链正在加速调整，但新冠肺炎疫情的暴发在一定程度上阻断了这一进程，客观上对中国出口贸易发展带来了短期利好，使中国进出口贸易顺差扩大。2020年，出口贸易额上涨至17.9万亿元，贸易顺差达到3.7万亿元，同比增长了24.7%；2021年，出口贸易额增至21.7万亿元，贸易顺差扩大至4.4万亿元。

表2-4展示了加入世界贸易组织以来中国进口贸易额加权平均关税和关税方差、变异系数等统计指标。与表2-3中的名义关税相比，2001—2020年的中国贸易额加权平均关税显著低于名义关税税率，但高于关税实际征收率。2001年加权平均关税超过13%，之后一路下滑，2006年降至5%以下，2018年自主大幅降税后，2019年和2020年分别降至3.55%和3.47%。方差数据显示，2001年加入世界贸易组织之初方差较大，为139，第二年就锐减为77，2004年降至56，后续年份基本维持在54上下，直至2018年中

第二章 中国关税政策现状

国进一步削减关税,关税方差降至37。为准确比较历年关税水平的离散程度,消除关税均值水平带来的影响,表中第三列数据显示历年关税的变异系数,可以看出,变异系数经历了先略有下降后回调的变化过程,数值虽有波动,但其波动范围较小,2018年之前均在0.72—0.76之间。2018年关税下调后,由于平均税率下调明显,导致其变异系数有所增加。中位数的波动则基本呈现先下降后稳定,再下降的变化规律,在由2001年的14,下降至2005年的9,之后维持在8~9之间,直至2019年下降至6.5。

表2-4 中国关税的统计特征(2001—2021年)

年份	进口贸易额加权平均	方差	变异系数	中位数
2001	13.36	139	0.74	14
2002	7.50	77.5	0.72	10
2003	6.43	64.9	0.72	10
2004	5.81	56.3	0.73	9
2005	5.05	54.0	0.74	9
2006	4.80	53.6	0.75	8.6
2007	4.44	52.6	0.74	8.4
2008	4.27	52.6	0.75	8.4
2009	4.34	52.6	0.74	8.4
2010	4.45	52.6	0.74	8.4
2011	4.44	52.4	0.74	8.4
2012	4.50	53.7	0.75	8.5
2013	4.24	53.7	0.75	8.4
2014	4.39	53.7	0.75	8.4
2015	4.39	53.6	0.75	8.5
2016	4.41	54.7	0.76	9
2017	4.63	53.1	0.76	8
2018	4.26	53.2	0.75	8

续表

年份	进口贸易额加权平均	方差	变异系数	中位数
2019	3.55	36.6	0.82	6.5
2020	3.47	37.0	0.83	6.5
2021	—①	37.1	0.83	6.5

注：①由于未获得2021年以HS6分位标准统计的进口贸易数据，本书计算的贸易额加权平均关税最新数据为2020年。数值为作者计算。

资料来源：WTO数据库中当年协调制度HS对应的6分位产品的关税数据。

三、国民经济各行业关税

上文主要从中国关税的总体水平入手，但在2005年之后，中国关税水平和整体结构基本没有出现太大的波动，因此，有必要从具体行业层面探讨中国关税结构呈现的具体特征。根据本书附录2中国民经济行业（GB2002）与HS1996的6分位产品的对应关系，对关税数据进行归类整理，获得归属于国民经济各行业（GB2002）的当年HS6分位产品数据①。本节先统计农业和工业行业的平均关税、方差和变异系数并进行行业比较，此处的农业为大农业概念，包括农业、林业、畜牧业和渔业，再进一步对国民经济行业（GB2002）的各细分行业的关税波动情况给予分析。

表2-5展示了农业和工业的简单平均和贸易额加权平均关税。可以看出加入世界贸易组织后，中国农业和工业的名义关税均有显著下降，2001年农业和工业产品的名义关税分别为18.09%和15.79%，至完成加入世界贸易组织关税削减承诺的2010年，两者简单平均关税削减至11.9%和

---

① 首先根据HS1996与各年HS版本的6分位产品的对应关系，将各年HS的6分位产品归类于国民经济行业（GB2002），其次，结合国民经济行业（GB2002）分类注释与各年海关进出口税则注释，对各年HS6分位产品的国民经济行业归属做进一步精准匹配。

9.74%。中国首次自主大幅削减关税之后,2019年,农业和工业产品的名义关税削减至10.64%和7.26%,最新的2021年数据显示农产品关税基本维持不变,工业品小幅下调至7.18%。同时,农产品适用的平均关税水平一直高于工业产品,2001年两者名义关税相差2.3个百分点,2010年相差2.16个百分点,2017年为1.83个百分点,2019年相差3.38个百分点,2021年相差3.46个百分点,由此,两者关税水平差距在加入世界贸易组织之后逐年小幅缩减,直至中国首次自主大幅削减关税,此次关税调整中,农产品关税的削减幅度小于工业产品,由此,两类产品关税差距有所扩大。

表 2-5　　　中国农业和工业名义关税与贸易额加权平均关税 (2001—2021年)

年份	简单平均关税 (%)		贸易额加权关税 (%)	
	农业	工业	农业	工业
2001	18.09	15.79	62.47	12.47
2002	13.61	12.34	10.22	7.50
2003	12.76	11.25	10.83	6.33
2004	12.06	10.34	17.23	5.41
2005	12.00	9.90	14.44	4.76
2006	12.00	9.86	14.80	4.51
2007	11.92	9.75	11.42	4.20
2008	11.91	9.74	9.22	4.08
2009	11.91	9.74	8.63	4.18
2010	11.90	9.74	11.05	4.21
2011	11.64	9.47	12.72	4.22
2012	11.76	9.76	14.02	4.22

续表

年份	简单平均关税（%）		贸易额加权关税（%）	
	农业	工业	农业	工业
2013	11.76	9.75	12.07	4.12
2014	10.73	9.27	9.11	4.35
2015	11.76	9.75	9.01	4.17
2016	11.76	9.71	8.47	4.23
2017	11.45	9.62	8.65	4.22
2018	11.45	9.61	9.05	3.80
2019	10.64	7.26	9.82	3.04
2020	10.64	7.20	11.07	2.70
2021	10.64	7.18	—	—

注：数值为作者计算。关税数据来源为 WTO 数据库中各年协调制度 HS 对应的 6 分位产品的关税数据，进口贸易额数据来自 UN – Comtrade 数据库。

观察贸易额加权平均关税变动情况，2001 年农业的贸易加权关税高达 62.47%，远高于同期的农业简单平均关税 18.09%。由于简单平均关税对所有 HS6 分位产品的税率给予同等权重的安排，所以，当高关税的产品同时伴随高进口贸易额时，简单平均关税就会低估关税水平。以贸易额为权重，进口规模越大的商品所占权重越大，高关税与高进口额结合，导致贸易额加权平均高过名义关税水平。这正是 2001 年农业关税与进口贸易额的真实情况，说明在加入世界贸易组织之初，中国对进口规模大的农产品存在征收相对较高关税的政策倾向，这一方面可能出于抑制国内市场需求大的农产品进口的目的，保护国内生产；另一方面也有获得稳定关税收入的考虑。之后年份的农产品的贸易额加权平均关税依旧出现高过简单平均关税的情形，如 2004—2006 年和 2012—2013 年。工业产品的贸易额加权平均关税在所有

第二章　中国关税政策现状

年份都小于名义关税，尤其是名义关税高于加权平均税率的幅度在逐年增加中，2001年工业品名义关税高于加权平均3.32个百分点，2010年两个差距在5.53个百分点，之后年份两个差距水平较为稳定，直至中国进一步自主削减关税，两者差距缩小，2020年工业品简单平均关税高贸易额加权平均关税4.5个百分点。

表2-6展示了加入世界贸易组织后中国农业和工业产品关税的方差与变异系数。方差数据显示，在2001—2004年，两类产品关税方差下降明显，2005—2018年则基本保持稳定，2018年自主降税后，农产品关税方差变化不显著，工业品方差进一步缩减。具体分析，2001年农业品关税的方差为391.32，2002年锐减至120.95，之后年份保持下降态势，2006年降至96.47，之后基本维持在97—100之间波动。工业产品关税的方差由2001年的121.94降至2006年的50.67之后，维持在50上下波动，直至2018年降税后，关税方差降至约30。同时，数据还显示，农产品关税的方差要始终大于工业产品，2001年农产品与工业品关税方差差距较大，为269.38，第二年锐减为46.62，2004年降至最低点43.48，之后基本维持在47上下波动，2018年降税后，两者差距有所增大，基本在70左右。为准确比较历年关税水平的离散程度，消除关税均值水平带来的影响，表中还显示变异系数数据，可以看出，两类产品关税的变异系数呈现不同的变化规律。农业产品关税的变异系数经历了先下降后有所提升的变化过程，2001年农业品关税的变异系数为1.14，2002年降至0.85，2004—2011年均维持在0.88，后略有增长，2012年达到0.91，2018年降税后由于税率水平下降，2019-2021年变异系数增至0.99。而工业品关税的变异系数则基本维持缓慢上涨趋势，2001年变异系数为0.7，2010年为0.73，2021年增至0.8。

表 2-6　中国农业与工业品关税的方差与变异系数（2001—2021 年）

年份	关税方差		关税变异系数	
	农业	工业	农业	工业
2001	391.32	121.94	1.14	0.70
2002	120.95	74.33	0.85	0.70
2003	107.14	61.94	0.87	0.70
2004	97.01	53.53	0.88	0.71
2005	96.55	51.05	0.88	0.72
2006	96.47	50.67	0.88	0.73
2007	97.56	49.55	0.88	0.73
2008	97.51	49.56	0.88	0.73
2009	97.47	49.51	0.88	0.73
2010	97.46	49.51	0.88	0.73
2011	97.40	49.52	0.88	0.73
2012	99.97	49.77	0.91	0.73
2013	99.97	49.77	0.91	0.73
2014	99.78	49.91	0.93	0.74
2015	100.04	49.68	0.91	0.74
2016	100.06	50.90	0.91	0.75
2017	97.80	49.21	0.92	0.74
2018	97.80	49.31	0.92	0.73
2019	100.63	30.09	0.99	0.78
2020	100.63	30.58	0.99	0.79
2021	100.63	30.59	0.99	0.80

注：数值为作者计算。数据来源为 WTO 数据库中各年协调制度 HS 对应的 6 分位产品的关税数据。

由于加入世界贸易组织后中国国民经济行业（GB）分类标准经历了几次调整和修订，为了获得较为稳定的行业划分，保证产业划分标准的统一性，增加跨期数据的可比性，本书将 2012 年之后的所有数据均按照 GB2002 的行业划分标准重新调整和匹配，由此获得以国民经济行业 GB2002 标准划分的行业简单平均关税和贸易额加权平均关税数据①。由于篇幅原因，表 2-7 中仅显示了三年国民经济行业的 34 个细分行业的关税数据，这三年分别是，中国加入 WTO 的初始年，即 2001 年，中国全面完成关税减让承诺的 2010 年，和中国大幅自主降税后的 2020 年②。

表 2-7   中国国民经济行业的关税水平

产业名称 （GB2002）	2001 年		2010 年		2020 年	
	简单平均关税（%）	贸易额加权关税（%）	简单平均关税（%）	贸易额加权关税（%）	简单平均关税（%）	贸易额加权关税（%）
农业	19.82	89.33	13.18	10.21	13.14	11.63
林业	18.96	22.85	8.66	9.65	5.85	5.45
畜牧业	12.59	36.07	10.48	29.52	9.41	23.71
渔业	15.74	16.68	10.46	10.93	7.04	6.26
非金属矿	3.39	3.54	3.25	3.55	3.24	3.43
农副食品	26.85	24.83	16.06	11.56	12.13	12.64
食品制造	25.44	23.21	16.19	12.46	9.71	11.09
饮料制造	40.80	51.64	19.72	10.99	13.73	9.99
烟草制品	51.25	37.36	33.25	11.92	35.89	16.69
纺织	21.30	22.13	11.14	9.42	7.32	6.58
服装鞋帽	24.05	22.99	16.47	17.03	7.01	7.56
皮革毛皮	18.41	11.14	13.19	8.46	9.76	6.97
木材	10.27	6.38	4.93	0.56	3.46	0.41

---

① 2002—2011 年间的行业划分依据国民经济行业 GB2002，2012—2016 年间的行业划分为国民经济行业 GB2012，2017 年之后使用国民经济行业 GB2017 版。

② 对行业关税数据考察发现，黑色金属矿采选业的进口关税设置为零，石油天然气开采和有色金属矿采选业除个别 HS6 分位产品外，绝大部分产品关税也为零，煤炭开采和其他采矿业产品关税在样本期间基本没有变化，均维持在 3.92% 和 4%，为精炼表格，细分行业分析中不考虑这 5 个行业，包括 34 个国民经济行业。

续表

产业名称 (GB2002)	2001年 简单平均关税(%)	2001年 贸易额加权关税(%)	2010年 简单平均关税(%)	2010年 贸易额加权关税(%)	2020年 简单平均关税(%)	2020年 贸易额加权关税(%)
家具制造	20.87	22.21	2.93	2.54	1.41	1.01
造纸制品	14.68	9.79	5.62	2.10	4.59	1.79
印刷记录	9.45	8.68	3.97	1.80	2.18	0.82
文教体育	18.09	19.04	15.39	10.59	7.80	5.46
石油加工	6.34	8.42	5.85	6.48	5.53	5.83
化学原料	10.29	12.44	6.99	6.05	6.46	5.66
医药	8.95	9.40	4.97	4.46	4.33	2.24
化学纤维	14.81	13.94	4.98	4.84	4.98	4.97
橡胶制品	15.98	14.53	13.62	9.84	11.09	10.25
塑料制品	16.26	15.97	8.91	7.67	7.97	7.65
非金属矿	16.45	13.71	12.45	11.36	9.79	9.91
黑色金属	8.14	8.75	5.25	4.96	4.79	3.17
有色金属	6.10	7.50	4.72	2.93	4.64	2.26
金属制品	13.12	11.64	11.27	8.66	7.62	7.48
通用设备	13.49	13.19	8.50	6.43	7.34	4.59
专用设备	12.40	13.29	7.77	4.31	6.75	2.10
交通运输	20.38	19.51	10.92	14.63	9.07	10.36
电气机械	18.08	14.07	12.14	6.31	7.10	1.23
通信设备	16.64	10.23	6.51	0.81	2.27	0.56
仪器仪表	14.80	12.46	9.80	6.89	6.18	3.17
工艺品	21.47	19.28	15.40	12.02	6.92	6.22

注：数值为作者计算。数据来源为WTO数据库中各年协调制度HS对应的6分位产品的关税数据。

2001年，国民经济各行业的简单平均关税最高为烟草制品（51.25%），其次为饮料制造（40.8%），其他行业的名义关税均低于27%。简单平均关税在20%—27%之间的

第二章 中国关税政策现状

有7个行业，税率由高到低排列分别为：农副食品加工、食品制造、服装鞋帽、工艺品、纺织、家具制造和交通运输。关税在10%—20%之间的有19个行业，低于10%的行业有6个，其中最低的两个行业是有色金属采选（6.1%）和非金属矿采选业（3.39%）。2010年各行业简单平均关税较2001年均有不同幅度下降，其中降幅最大的三个行业为饮料制造、烟草制品和家具制造，降幅分别为21.08%、18%和17.94%。前两个行业关税大幅下降并没有改变其行业排名，烟草业和饮料制品依旧是关税最高的两个行业。家具制造业较为特殊，关税削减导致其由2001年20.87%降至2010年的2.93%，从高到低的行业关税排名由第8位降至表中最后一位。家具生产过程需要大量木材投入，木材资源的大量开采不仅破坏环境，木材再生周期长也会导致木材资源相对稀缺，中国政府大幅削减该类产品关税反映其保护本国木材资源和环境的政策意图，通过降低关税，鼓励家具产品进口，以取代本国生产。关税降幅超过10%的有4个行业，分别为农副食品、林业、纺织和通信设备，农副食品关税削减对其行业排名影响不大，其他三个行业2010年的排名都较2001年明显下滑，这说明这三个行业关税削减相对幅度较大，政府旨在削减这些产品进口关税壁垒，扩大其进口。具体而言，2010年加入世界贸易组织关税削减承诺完成时，关税超过30%只有烟草业，关税在10%—20%之间的有16个行业，关税低于5%的有7个行业，家具制造业关税税率最低。

2018年11月中国进一步削减关税。相较于2010年，2020年关税降幅最大为服装鞋帽（9.46%），之后依次为工艺品（8.48%）、文教体育（7.59%）、食品（6.48%）和饮料制造（5.99%）、电气机械（5.04%）和通信设备（4.24%），其他行业的名义关税均降低4%以下。而有色金属、农业、非金属矿和化学纤维的调整幅度较小，都小于0.1%。鉴于中国已于2010年完成了加入世界贸易组织关税减让承诺，部分行业关税水平已经降至较低水平，由此，考虑削减比率更能反映行业的关税削减程度，关税削减比率超过50%的有4个行业，分别为通信设备（65.1%）、服装鞋帽（57.4%）、工艺品（55.1%）和家具制造（51.9%），超过40%的有4个行业，分别为文教体育（49.3%）、印刷记录（45.1%）、电气机械（41.5%）和食品制造（40%）。可以看出，两种指标比较，关税削减较多的行业虽然排名略有不同，但所含行业类型基本一致。2018年中国自主降税的重点行业包括群众生活需求的消费品，如服装、食品、饮料、文教体育用品等，也包括有助于企业降低生产成本和促进产业升级的工业品，如通信设备和电气机械等。

分析2020年关税行业分布，除烟草制品（35.89%）依旧保持较高水平之外，其他行业的关税都低于14%，其中在10%—14%之间的有4个行业，5%—10%之间的有19个行业，关税最低的6个行业，从低到高排名为家具制造（1.14%）、印刷记录（2.18%）、通信设备（2.27%）、非金属矿（3.24%）、木材（3.46%）和医药产品（4.33%）。这些行业的低进口税率显示了国家在关税制定中贯彻的保护资源和环境的准则。家具生产需要以木材为原料，为减少对木材资源使用，中国一方面降低家具产品的关税，促进进口产品替代本国生产；另一方面，木材产品也适用低关税，保证其进口以满足国内产业链中以木材为投入品的产品生产需要。该原则也是印刷业记录媒介产品进口关税削减的主要考量。非金属矿属于资源性不可再生产品，其产品适用低关税同样是出于保护资源和环境的目的。通信设备、计算机及其他电子设备产品适用的关税锐减，反映了政府扩大能促进国内供给体系质量提升的工业品进口的政策意图。2012年3

月中国召开的国务院常务会议提出，要"积极扩大先进技术设备、关键零部件和能源原材料进口"。中国降低技术类产品的进口关税，加大该类产品的进口，是应对中国未来进入后重化工业阶段之后保持经济持续稳定增长的重要举措。技术类产品的引入以及由此带来的技术消化和吸收，能从需求和供给两大渠道有效提高中国经济发展潜力。根据国内经济学者的研究，中国经济自 2003 年起便开始步入重化工业阶段。重化工业阶段的实质是，居民具有较强确定性的高层次消费需求集中爆发所引发的一场产业结构变革。在这场变革里，以住房、汽车为代表的高层次消费品需求随着居民收入水平的不断提升和积聚而同时爆发。由于这种需求具有普遍性、确定性和数量总体可预测性，相关产品的生产企业为满足这种确定性高的消费需求，持续地大规模扩张产能而不用担心产能过剩或产销不对路。这种引致需求通过产业链传导，带动了重工业和化工业等基础原材料产业的大发展，进而推动整个国民经济出现一段较长时期的持续高增长阶段。但重化工业阶段在给中国经济当前带来稳定增长的同时，也给未来发展带来了严峻的挑战，尤其是重化工业阶段之后中国经济如何激发新需求，如何保证相应的供给能力。技术可以将人们的潜在需要转化为现实需求，各种潜在的需要能否得到满足，从而转化为现实的需求，关键在于是否存在具体的商品来满足这些需要。技术的发展和进步，使各种可以满足人们需要的商品不断涌现，从而促使人们不断产生各种新的需求。通过扩大技术类产品进口，经由产品引入后的消化吸收有效提升中国科学技术水平，通过技术进步，确保人们利用资源的方式和效率不断优化，人们生产的商品种类也更加丰富和多元。技术类产品进口关税的削减体现了国家政策的调整方向。医药制造业的简单平均关税降至 5% 以下，这是政府为提高消费者福利，在关税政策调整中更多考虑国计民生问题的体现。

四、关税变迁特征

本节通过 HS6 分位产品中高关税产品的行业分布图和关税的核密度图,对中国关税变迁进行分析。本书选取 2001 年关税数据,保留关税税率最高的 100 个 HS6 分位代码产品,将这些产品归属至国民经济行业(GB2002)。图 2-2 显示这 100 个产品在国民经济行业的分布情况,高关税产品的行业分布较为分散,分布在 12 个行业中间,其中高关税产品最多的行业是农副食品加工,有 24 个高关税产品属于该行业,其次是饮料和交通运输设备产品,分别包含 21 个和 19 个高关税产品。高关税产品超过 8 个的行业还有农业和食品制造。

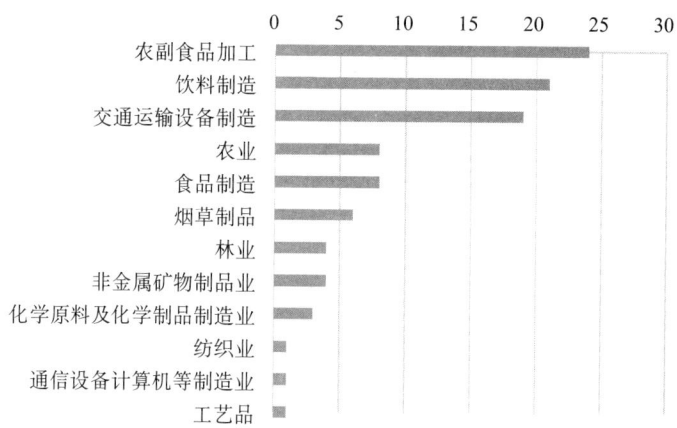

图 2-2 中国关税税率最高的 100 个产品行业归属(2001 年)

为进行对比,对中国完成加入世界贸易组织关税减让承诺的 2010 年关税数据,给予同样的统计分析,结果见图 2-3。图 2-3 显示高关税产品最多的行业依旧是农副食品加工制造业,排名第二的行业不再是交通运输设备制造业,

第二章 中国关税政策现状

而是电气机械及器材制造业,有13个高关税的6分位产品代码属于该行业,饮料制造业依旧保留较多高关税产品。2010年高关税产品的行业分布更为分散,最高税率的100个产品分散在14个行业中间。

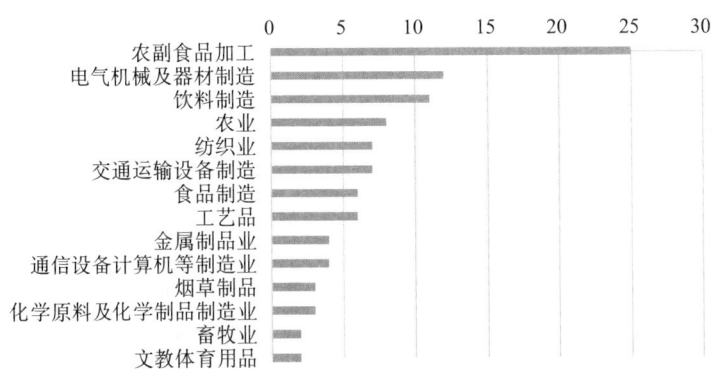

图2-3 中国关税税率最高的100个产品行业归属(2010年)

2021年高关税产品的行业集中度有所提高,最高税率的100个6分位产品分布在9个行业当中(见图2-4)。高关税产品最多的行业依旧是农副食品加工制造业,有38个产品属于该行业,排名第二的行业为农业,包括23个产品。电气机械及器材制造业不再列入这些行业当中。

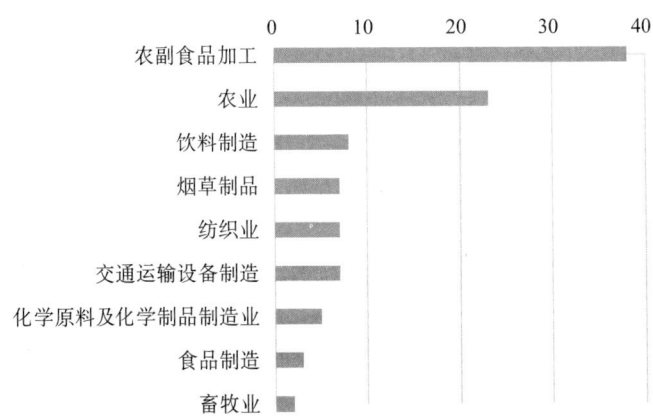

图2-4 中国关税税率最高的100个产品行业归属(2021年)

图 2-5 展示了 2001 年、2010 年、2018 年和 2021 年中国 HS6 分位产品关税的核密度对比图。根据核密度图含义，峰值越高，表示此处数据越密集。由图 2-5 可知，2001 年仅有一个峰值，说明数据在该值较为集中，税率在 50% 以上的分布概率基本为 0。而 2010 年出现两个峰值，关税税率由单峰向双峰过渡，说明关税税率数据出现多极分化现象。比较这两年的峰值相对应的概率大小，2010 年的两个数值均高于 2001 年的相应数据，显示 2010 年的数据在峰值附近相对更为集中，关税税率在 20%—40% 间存在一定分布，超过 40% 的关税则极少。2018 年数据相较于 2010 年变动不大。2021 年数据反映了中国自主削减关税后的关税分布情况，峰值显示当年关税分布在低关税水平上集中更为显著，税率在 20%—40% 间概率更小，仅存在零星分布。

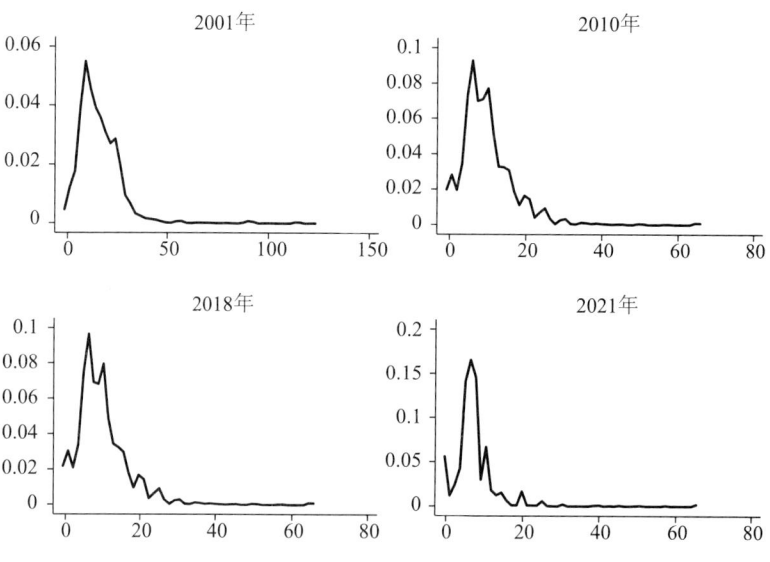

图 2-5 中国 HS6 分位产品关税税率的核密度对比图

第 三 章
关税与贸易限制理论

关税税率系统细致而复杂，针对几千种不同产品门类的关税税率的分析，除了简单平均关税、贸易额加权平均关税、关税变异系数等方法之外，还有一种更精确的加总方法，即贸易限制指数（Trade Restrictiveness Index，TRI）法。贸易限制指数理论在20世纪90年代首先由安德森（Anderson）和尼瑞（Neary）提出，他们借助可计算的一般均衡模型，将各种贸易政策的限制程度都刻画为一个统一关税，从而构造了度量各种贸易政策限制程度的贸易限制指数。芬斯特拉（Feenstra，1995）在安德森和尼瑞一系列研究的基础上，将一般均衡的贸易限制指数发展为局部均衡的贸易限制指数，从而使贸易限制指数的测算更加简便。由此，贸易限制指数的一般均衡和局部均衡模型相互补充、相互借鉴，又经过后来学者们的不断补充和完善，已经成为学术界主流的、应用最广的贸易政策限制程度的评价理论。在经济全球化的今天,多数国家实施市场经济体制,商品价格的传导加速,世界市场的统一性增强,由此,能够使用统一的指标来衡量和比较各国关税政策的保护或限制程度,不论在理论研究还是实证考察上都有积极的意义。使用安德森—尼瑞—芬斯特拉（Anderson - Neary - Feenstra）的 TRI 指数,将不同的关税设置转换为统一关税,增强各国关税政策保护程度的可比性,众多实证研究也已充分验证了 TRI 既可以用来对不同国家进行横向比较,也可以进行时间序列的纵向分析。

本章首先对贸易限制指数理论的发展进行梳理,介绍安德森—尼瑞一般均衡的贸易限制指数理论、芬斯特拉局部均衡的贸易限制指数理论和贸易限制指数的理论拓展。在此基础上,第二节介绍国内外贸易限制指数理论的研究文献。第三节是本章的重点内容,中国贸易限制指数的实证研究,本节将采用吉等（Kee et al.，2008）对进口需求弹性的估算方法,获得中国 HS1996 的 6 分位进口产品 2001—2018 年的进口需求弹性数据,借鉴芬斯特拉（Feenstra，1995）与吉等（Kee et al.，2008）的局部均衡设定下的贸易限制指数的测算公式,计算中国经济整体以及农业和工业两大产业的贸易限制指数和关税的福利无谓损失。此外,以国民经济整体和产业大类对贸易限制指数给予分析,模糊了国民经济各细分行业的具体行业特征,由此,进一步对国民经济行业的农林牧渔、采掘业以及制造业在内的 34 个行业的 2001—2018 年的贸易限制指数进行比较研究。

第三章 关税与贸易限制理论

第一节 贸易限制指数理论

一、安德森—尼瑞一般均衡的贸易限制指数理论

传统的贸易政策限制程度度量方法，如平均关税、关税变异系数、贸易依存度等虽有一定的合理性和实际运用的简便性，但这些指标都没有建立在传统贸易理论的基础上，而仅是模糊地定义了贸易政策某些方面的限制。将贸易政策限制程度建立在传统贸易理论之上，并与对福利水平、贸易量等经济变量的影响相联系的工作则始于安德森和尼瑞。自1992年起，他们在其一系列论文中从微观经济基础出发，在一定假设前提下，构建可计算的一般均衡（CGE）模型，将所有关税的保护水平刻画成一个统一关税（Anderson and Neary，1994，1996，2003，2005）。安德森—尼瑞（Anderson – Neary）贸易限制指数理论的核心思想是寻找在保持初始福利水平或初始进口量不变的条件下，使新贸易状态与初始贸易状态的贸易差额函数或进口量函数保持相等的统一关税，即运用贸易差额函数或进口量函数描述竞争性的小型开放经济的一般均衡。若选择福利水平作为参考标准，则可以得到贸易限制指数或福利均等化的统一关税；若选择进口量作为参考标准，则可以得到重商主义的贸易限制指数（Mercantilist Trade Restrictiveness Index，MTRI）或进口数量均等化的统一关税。

（一）贸易限制指数（TRI）

假设在一个完全竞争的小型开放经济中，所有商品的世界价格都是外生的，而国内价格是内生的。安德森和尼瑞（Anderson & Neary，1994）指出贸易限制的基本思想是为获得能够将所有市场的贸易限制条件汇总为单一指标，涉及对关税政策的讨论，可以理解为将所有行业的关税限制条件汇总为单一关税水平。讨论和分析贸易限制指数最简单的框架是关税是贸易政策的唯一政策工具。

首先将分析仅限于对一种商品的讨论，一种商品的假设使得一般均衡等同于局部均衡分析；其次拓展为对两种商品征收关税的一般均衡分析。图 3-1 中左图为仅包括一个商品的小型经济体，该商品的世界价格为 π_1^*，其本国进口需求曲线为 $m_1(\pi_1)$。由于关税的作用，本国生产商和消费者面临的国内市场产品价格 π_1^0 高于国际市场，其增幅等同于关税水平。此时，征税导致的福利无谓损失或者关税保护成本，可以以三角形 DCE 衡量。一种商品框架下确定贸易政策的限制指数，无疑可以以关税水平的高低来衡量，图中显示为 AB 的长度。现将商品个数拓展为两个，且两个商品适用的关税税率存在差异。图 3-1 中右图展示对商品 2 的进口需求曲线。假设商品 2 的进口需求比商品 1 的需求更不富有弹性，同时商品 2 适用更高的关税税率。整个经济体的福利无谓损失或者关税保护成本为三角形 DCE 和 IHJ 的面积之和。此时，两个市场的平均贸易限制水平应如何衡量？最简单的方法，也是在实际工作中经常使用的方法，就是以进口贸易额为权重，即图中的 AC 和 FH 的距离衡量的贸易额，将两种商品的关税加权平均（为了简化分析，两个商品的进口价格均假设为 1），获得平均关税 $\bar{t}$，见图 3-1 中左图标注。

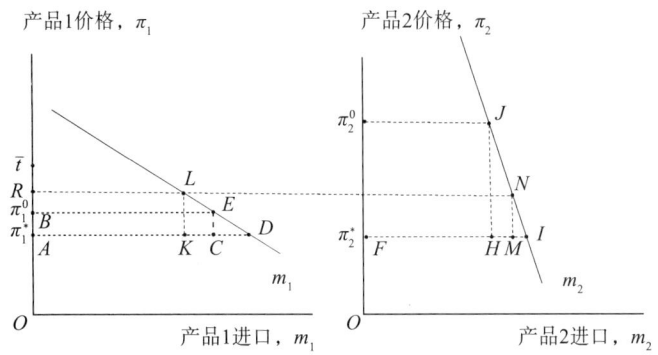

图 3-1　关税的贸易限制程度分析图（关税税率与进口需求弹性负相关）

以贸易额为权重计算平均关税的方法存在一定问题。考虑关税政策做出如图 3-2 所示的调整，两个商品的进口需求曲线与图 3-1 一致，但关税设置相反，即商品 1 适用较高关税，商品 2 适用较低关税。现在关税水平与商品的进口需求弹性成反比，进口需求越富有弹性，商品关税越低。图 3-2 中左图显示，由于商品 1 的进口需求极度富有弹性，其产品的进口几近削减为 0，从而导致在计算加权平均关税时，商品 1 的高关税与极低的权重匹配，而右图低关税的商品 2 的实际进口量（额）较大，计算加权平均关税时赋予的权重也较高。由此，根据图 3-2 信息，计算出的平均关税水平 $\bar{t}$ 低于图 3-1 中的平均关税 $\bar{t}$。然而，图 3-2 中显示的福利无谓损失（三角形 DCE 和 IHJ 面积和）比图 3-1 大，且贸易水平比图 3-1 显示的更低，直观分析应该认为图 3-2 描述的贸易限制措施更强。但依据贸易额加权的平均关税分析的结果却显示与直观分析相反的结论。

另一个经常使用的衡量关税限制程度的指标是关税的变异系数。以该指标为分析依据，理论上在给定进口贸易额的条件下，均等的关税将最小化关税的福利成本，此时，关税的变异系数为 0。一般而言，关税变异系数越小，给定进口贸易额条件下，关税福利成本越小。但是，借用上面的分析框架，恰当的参数选择会导致图3-2中的关税变异系数小于图3-1中相应指标，由此，图3-2代表的关税限制程度较小，但该结论与图形直观分析（福利无谓损失和贸易量比较）得出的图3-2的关税限制程度更大的结论相矛盾。变异系数与贸易额加权平均关税同样存在不合理之处。

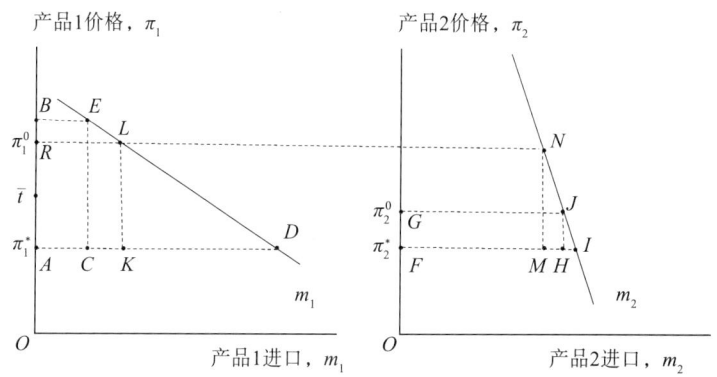

图3-2　关税的贸易限制程度分析图（关税税率与进口需求弹性正相关）

上述分析表明，只要分析不局限于一个产品，简单的统计指标，如加权平均和变异系数，均无法准确揭示关税限制程度与贸易政策福利成本之间的对应关系。准确衡量贸易限制程度的指标必须考虑由征收关税所导致的福利成本，鉴于此，安德森和尼瑞提出，合理的贸易限制指标的选择，应该满足在等同的福利损失条件下，建立统一的关税，即在图3-1中，统一的关税水平等于AR；产品1的关税由AB升至AR时，产生的福利损失等于面积$KCEL$，该面积在数值上等于产品2的关税削减所导致的福利增加（图形面积以$HMNJ$衡量）。图3-2中，统一关税AR意味着产品1适用更低关税，福利增加为面积$BELR$，而产品2适用更高关税，导致的福利损失以面积表示为$HMNJ$，两者面积相等。图3-2

第三章　关税与贸易限制理论

中福利等同的统一关税水平高于图3-1中的相应指标，在两图中，福利等同的统一关税均更为接近需求弹性高的产品1，这也符合理论预期，关税在需求越发富有弹性的商品作用更为明显，在需求缺乏弹性的商品上则作用更不显著，因此，最终衡量的统一关税应更接近弹性大的商品。

以上述图形分析为基础，进一步构建理论分析框架。贸易限制指数理论的核心思想是寻找在保证福利水平不变的前提下，使新贸易状态与初始贸易状态的贸易差额函数（balance-of-trade function）保持相等的统一关税，即运用贸易差额函数描述竞争性的小型开放经济的一般均衡，选择福利水平作为参考标准，获得福利水平等同的统一关税水平，该关税水平称之为贸易限制指数或福利均等化的统一关税。

定义贸易差额函数为 $B(\pi, u)$，它表示在给定国内价格向量 π 的条件下，为达到给定的福利水平 u 所需要的净转移，该函数还包含了刻画经济体一般均衡的其他变量，如偏好、技术参数、外生的国际转移、世界价格以及计价商品的价格等。假定经济体仅受关税政策的约束，经济体中存在两类商品，受关税政策约束的商品和计价商品，贸易差额函数可以写成：

$$B(\pi, u) = E(\pi, u) - (\pi - \pi^*)' m^C(\pi, u) \tag{3.1}$$

式（3.1）中，$E(\pi, u) \equiv e(\pi, u) - g(\pi)$ 为贸易支出函数，即家庭支出与GDP函数的差额；π^* 为商品的世界价格；m^c 为补偿性净进口需求函数。

当经济体达到一般均衡时，贸易差额函数为零，假设存在两个时期——初始时期0和新时期1，因此，两时期均衡条件可写为

$$B(\pi^0, u^0) = B(\pi^1, u^1) = 0 \tag{3.2}$$

在两个时期福利水平相等的情况下,要使贸易差额函数保持相等,时期 1 的价格必须贬值以补偿消费者价格从 π^0 到 π^1 时的损失,定义统一价格膨胀因子 Δ 为:

$$\Delta = \{\Delta(\pi^0, \pi^1, u^0): B(\pi^1/\Delta, u^0) = B(\pi^0, u^0)\} \tag{3.3}$$

定义统一关税为 $t^\Delta = (1-\Delta)/\Delta$,则上式可以写成:

$$t^\Delta = \{t^\Delta(\pi^0, \pi^1, u^0): B[(1+t^\Delta)\pi^1, u^0] = B(\pi^0, u^0)\} \tag{3.4}$$

此时,t^Δ 即为仅有关税政策约束时的贸易限制指数(TRI)。

(二)重商主义的贸易限制指数(MTRI)

对于贸易政策的制定者和贸易谈判者来说,他们更加关注贸易量,而不是福利水平。基于此,安德森和尼瑞(Anderson & Neary,2003)从相同进口量水平出发,定义了重商主义的贸易限制指数。如果说贸易限制指数是要寻找一个能够产生与初始关税结构相同福利水平的统一关税,那么重商主义的贸易限制指数就是要寻找一个能够产生与初始关税结构相同进口量的统一关税。考虑经济体仅受关税政策约束情形,商品区分为两类,受关税政策约束的商品和计价商品,此时借助进口量函数描述经济体的一般均衡状态,将进口量函数看作是商品价格和贸易收支差额的函数,那么在保持初始进口量不变的条件下,对新时期的受关税政策约束商品的国内价格进行贬值,以补偿进口量因价格变化而造成的差异,而该价格贬值的程度就是重商主义的贸易限制指数。

定义进口量函数为:

$$M(\pi, b) \equiv \pi^* \cdot m(\pi, b) \tag{3.5}$$

式(3.5)中,$M(\cdot)$ 为进口需求函数,它由国内价格 π 和贸易收支差额 b 共同决定。当经济体仅受关税政策约束时,重商主义的贸易限制指数为

第三章　关税与贸易限制理论

$$t^\mu = \{t^\mu\ (\pi^0,\ b^0):M\ [\ ((1+t^\mu)\ \pi^*,\ b^0)$$
$$= M\ (\pi^0,\ b^0)\}\qquad(3.6)$$

二、芬斯特拉(Feenstra)局部均衡的贸易限制指数

安德森－尼瑞（Anderson－Neary）贸易限制指数的计算需要结合相应的可计算一般均衡模型，其中涉及大量的变量、参数等，计算过程较复杂。为便于计算，芬斯特拉（Feenstra，1995）将贸易限制指数由一般均衡模型发展为局部均衡模型。在小型开放经济中，假设所有商品的交叉价格弹性均为零，即商品的进口需求函数是其自身价格的线性函数。当经济体仅受关税政策约束时，将局部均衡的贸易限制指数定义为一个统一关税，在该关税下的净福利损失等于原有的异质关税结构下的净福利损失之和。

设本国为小型开放经济体，i 为商品编号，$i = 1,\ \cdots,\ I$。进口商品国内价格为 p_i，国际市场价格为 p_i^*，两者价差 $(p_i - p_i^*)$ 代表关税。国内生产同类商品，价格为 q_i，假设进口品与国内生产商品为不完全替代品。C_i 表示进口品消费支出（进口需求），D_i 表示国内生产的商品的消费支出，整体经济的支出函数表示为 $E\ (p,\ q,\ U)$，其中 $p = (p_1,\ \cdots,\ p_I)$，$q = (q_1,\ \cdots,\ q_I)$。整体经济的支出函数对两组价格的导数等于两类产品的消费水平，即

$$\frac{\partial E}{\partial p_i} = C_i\quad\frac{\partial E}{\partial q_i} = D_i\quad i = 1,\ \cdots,\ I\qquad(3.7)$$

比较两种情形，自由贸易状态和征收关税。一种分析思路是将两种情形下的效用水平进行对比，但由于效用函数的序数特征，为便于分析，往往采用支出规模为标的进行比较，即消费者愿意放弃（或需要补偿）多少收入才能在关税存在条件下实现原有自由贸易状态下的效用水平，将此收

入定义为 $B(p, q, p^*, U^0)$，其中 U^0 为自由贸易状态下的效用（福利）水平。当 B 取值为正，表明关税政策实际增加了消费者收入，当 B 取值为负，则表示关税政策造成了消费者收入损失。芬斯特拉（Feenstra，1995）强调，B 也可以理解为贸易差额（balance of trade），如果数值为正，表明存在贸易顺差（surplus），反之，则存在逆差（deficit）。

由于禁止性关税的存在，与之相关联的零进口额和零权重导致在计算贸易额加权平均关税时，实际发挥显著作用的关税往往没有在计算加权关税时被统计在内，因此，以贸易额为权重的加权平均关税低估了关税政策的实际保护程度。为分析关税存在条件下的贸易限制指数，设 t_i 为进口产品关税的从价税率，$p_i = p_i^0(1+t_i)$ 为进口产品国内价格，p_i^0 为国际市场价格（给定变量）。$B(p, q, p^0, U^0)$ 代表征税条件下的福利水平。现考虑区别于异质性的关税设置，是否存在一个同一水平的关税 T，当 T 无差异地适用于所有进口产品时，本国福利水平等同于 $B(p, q, p^0, U^0)$，即满足

$$B(p^0(1+T), q, p^0, U^0) = B(p, q, p^0, U^0)$$

为获得统一关税 T 的解，需要一般均衡模型，但芬斯特拉（Feenstra，1995）提出在世界价格固定不变的条件下，可以通过上式对 T 和 t_i 求导的方式，获得如下偏导方程

$$\sum_i \frac{\partial B}{\partial p_i^0} p_i^0 \mathrm{d} t_i = \sum_i \frac{\partial B}{\partial p_i^0} p_i^0 \mathrm{d} T \tag{3.8}$$

在进口需求曲线为线性方程的前提下，通过对式（3.8）的微分方程左右两边进行 $0 - t_i$ 的积分，$i = 1, \cdots, I$，可以获得如下局部均衡的贸易限制指数

$$TRI = \left[\frac{\sum_i (\partial C_i / \partial p_i)(p_i^0 t_i)^2}{\sum_i (\partial C_i / \partial p_i)(p_i^0)^2} \right]^{1/2} \tag{3.9}$$

式 (3.9) 中，t_i 为从价关税率；p_i^0 为商品 i 的世界价格；C_i 为进口产品支出函数（进口需求函数）。局部均衡的贸易限制指数 TRI 为关税 t_i 平方的加权平均，权重反映了当产品价格变化一个百分比时，进口消费支出（进口需求）变化的百分比信息。使用这些权重，禁止性关税的权重不会削减为零，进而在贸易限制指数中发挥作用。同时，关税平方的存在意味着不仅关税水平决定了贸易限制指数，关税的方差也会影响指数大小。而通常认为关税税率在产品间分布越广，越分散，关税导致的福利无谓损失越大，贸易限制指数 TRI 与该思想不谋而合。

为进一步简化计算过程，芬斯特拉推导如下仅依赖进口需求弹性系数就可计算的 TRI 表达式，具体用公式表示为：

$$TRI = \left(\frac{\sum_i s_i \varepsilon_i t_i^2}{\sum_n s_i \varepsilon_i} \right)^{1/2} \qquad (3.10)$$

式 (3.10) 中，ε_i 为进口产品的需求弹性；s_i 为进口份额。

三、贸易限制指数的理论拓展

比罗等（Bureau et al., 2003）运用距离函数将安德森—尼瑞贸易限制指数扩展为数量指数（Trade Restrictiveness Quantity Index, TRQI），分别推导出包括关税和非关税壁垒情形，包括关税、非关税壁垒以及国内扭曲政策情形时的贸易限制数量指数。吉等（Kee et al., 2008）分析 TRI 计算公式，认为当关税设置为均等税率，即所有进口产品适用相同的关税税率，贸易限制指数等于贸易额加权平均关税和简单平均关税，并进一步将 TRI 分解为三项之和，进口加权平均关税，关税方差和进口需求弹性系数与关税平方的协方差。加权平均关税是 TRI 的分解项之一；关税方差越大，TRI 高过加权平均关税的额度越大；如果高关税加征在进口需求富有弹性的产品上面，需求弹性和关税平方的协方差为正，则 TRI 进一步增加，反之，如果需求不富有弹性商品适用高关税，则协方差为负，TRI 可适度缩减。根据上述分解，传统的加权关税指标由于忽略了不同产品间关税的差异以及关税与进口需求弹性系数的相互作用，从而低估了贸易保护程度，故贸易限制指数是一个更为科学合理地衡量贸易保护程度的指标。吉等（Kee et al., 2009）进一步改进了 MTRI 指数，提出了在保持两个时期的进口量不变的基础上，需要对现有的进口数量施加多大的统一关税，即要使两个时期的进口量保持不变，需要对新时期的进口数量进行平减的程度，从而构建了整体贸易限制指数（Overall Trade Restrictiveness Index，OTRI）。由于与价格数据相比，商品的进口量数据更容易获得，因此，该指数的应用性更强。此外，他们还构建了一个类似的指数，选取出口量函数作为加总方法，研究贸易政策变化的市场准入效应，即要使一国两个时期的出口量保持不变，该国的贸易伙伴国需要对该国的出口商品施加多大的进口统一关税，从而得到了 OTRI 的镜像指标，即市场准入的整体贸易限制指数（Market Access Overall Trade Restrictiveness Index，MA – OTRI）。

劳埃德和麦克拉伦（Lloyd & MacLaren，2010）在芬斯特拉（Feenstra，1995）局部均衡指数的基础上，加入出口部门，通过区分扭曲政策对国内生产者价格和消费者价格产生的不同影响，分别构建了能够与初始扭曲政策产生相同进口减少效应的贸易缩减指数（Trade Reduction Index，TRI）和与初始扭曲政策产生相同福利损失效应的福利缩减指数（Welfare Reduction Index，WRI），并指出该指数可以衡量一个同时受关税政策、非关税壁垒政策以及国内支持政策约束的经济体的贸易限制水平。区别于以往研究从某一个国家的角度构建度量一国整体贸易政策限制程度的指数，克罗瑟等（Croser et al.，2010）从全球性角度出发构建商品贸易限制指数，例如全球玉米市场的贸易政策限制指数，他们采用劳埃德（Lloyd et al.，2010）的研究方法，在一个包含进口部门和出口部门的经济体中，当一种产品同时受关税政策、非关税壁垒政策以及国内支持政策约束时，该种产品的国内生产者价格和消费者价格出现偏差，在此基础上，分别构建了全球贸易缩减指数（Global Trade Reduction Index，GTRI）和全球福利缩减指数（Global Welfare Reduction Index，GWRI）。

完全竞争的小型开放经济的假设说明商品的世界价格始终保持不变，但是这一假设却与现实严重不符，因此，学者们针对小国经济的假设和完全竞争的市场条件假设，对模型进行了修改和完善。陈和马（Chen & Ma，2012）、陈等（Chen et al.，2014）通过假设商品的出口供给曲线是向上倾斜的，放松了局部均衡模型中关于小型开放经济的假设，不再认为商品的世界价格是外生的，而是由向下倾斜的进口需求曲线和向上倾斜的出口供给曲线共同确定商品的世界价格，从而构建一般化的贸易限制指数（General Trade Restrictiveness Index，GTRI）。安蒂米亚尼等（Antimiani et al.，2008）放松了完全竞争的市场假设条件，假设制造业部门为不完全竞争，运用 GTAP 模型测算几个代表性的发展中国家和发达国家的重商主义的贸易限制指数。此外，贝甘等（Beghin et al.，2015）假设市场是不完善的，允许市场中存在外部性、信息不对称性以及非关税壁垒的国内规制，在此基础上构建了包含关税、非关税壁垒以及生产补贴的 *TRI* 和 *MTRI*。以上研究结果均表明，放松完全竞争等假设条件可以使贸易限制指数更加合理的度量贸易政策的限制程度。

第二节

贸易限制指数理论的研究文献

根据上节对贸易限制指数理论发展的阐述，贸易限制指数与传统的测算贸易政策保护水平的贸易加权平均关税具有较高的相关系数，但是贸易加权平均关税由于只度量了关税的限制程度，没有综合考虑关税在产品间的分布状况以及关税与进口需求弹性间的相互作用，因此，低估了整体贸易政策的真实保护水平，并且无法得到贸易政策变化的福利效应、贸易效应等。鉴于贸易限制指数能够全面衡量贸易政策的实际保护程度，对贸易限制指数的应用成为国内外学者研究的重点。运用贸易限制指数度量各国贸易政策的限制水平以及运用贸易限制指数理论评价贸易政策变化的福利效应以及贸易效应等，是贸易限制指数理论应用中最重要的内容。学者们或运用一般均衡和局部均衡的贸易限制指数，或运用修正的贸易限制指数，测算了各个国家贸易政策限制程度的变化。

一、国外相关研究

比罗和萨尔罗蒂奇（Bureau & Salvatici, 2005）估计了欧盟和美国农产品贸易政策的 *TRI* 和 *MTRI*，对美国和欧盟在 1995 年乌拉圭回合前后贸易政策的实际限制程度进行了研究。劳埃德和麦克拉伦（Lloyd & MacLaren, 2008）运用局部均衡的贸易限制指数测算了 1973—2003 年澳大利亚对制造业生产者的支持水平,研究不同领导人执政期间,生产者支持指数的变化。吉等(Kee et al.,2009)运用整体贸易限制指数(OTRI)对 78 个国家在 20 世纪早期的 OTRI 和 MA - OTRI 进行了实际测算,并对这些国家进行了排序,发现人均收入水平越高的国家,其贸易限制程度越低。劳埃德等(Lloyd et al.,2010)运用修正的贸易缩减指数(TRI)和福利缩减指数(WRI)估计了过去半个世纪 75 个发展中国家和高收入国家以及世界整体的农产品贸易政策的限制指数。豪克(Hauk,2012)利用不同的海关协调制度分类代码,分别以美国的 HS4、HS6 和 HS10 层面的产品数据为基础,估计美国关税政策和包括关税与非关税壁垒措施在内的 TRI 和 OTRI 指标。吉等(Kee et al.,2013)计算了包含反倾销税在内的全球大约 100 个国家金融危机前后,即 2008 年和 2009 年的 TRI,其研究发现金融危机发生后,全球各国普遍提高了贸易保护程度,部分国家以提高主要进口产品关税的方式,如俄罗斯,阿根廷、土耳其、中国等,部分国家则通过征收反倾销税的方式保护国内产业,如美国、欧盟国家和地区。尽管关税提高与征收反倾销税的贸易保护措施造成全球贸易下降了 430 亿美元,但其金额占同期全球贸易额的比例不到 2%。

  贸易限制指数理论的另外一个重要的应用就是可以用于度量贸易政策变化的福利效应、贸易效应等。埃尔文(Irwin,2007)运用贸易限制指数测算了美国在战后 10 年里关税政策造成的净福利损失。吉等(Kee et al.,2009)运用 OTRI 指数测算了 78 个国家在 20 世纪早期关税政策的净福利损失。劳埃德等(Lloyd et al.,2010)运用修正后的局部均衡的贸易限制指数研究了农产品贸易政策在 1960 年以后的贸易效应和福利效应。富加扎和尼基塔(Fugazza & Nicita,2013)运用贸易限制指数研究市场准入政策对双边贸易的影响。比利和切尔尼沃尚（Beaulieu & Cherniwchan, 2014）基于产品层面的关税数据，利用安德森－尼瑞贸易限制指数研究加拿大1870—1910年间的关税政策，得出的TRI数据显示加拿大的关税实际限制程度高于前人研究，但对关税造成的福利无谓损失的估计则表明，尽管该时期是加拿大高关税保护时期，但其保护成本并没有预料中的那么大。对其原因的深入分析认为，由于高关税往往征收在低需求弹性、与国内产品未形成竞争关系的进口商品上，因此，福利无谓损失组成部分中的关税与需求弹性的协方差为负，有效的削减了保护成本。凯伊（Keay, 2019）同样利用TRI方法对加拿大同时期的关税政策效应进行研究，但其分析基于行业层面，而非产品层面，凯伊认为基于行业层面的分析，能将行业数据，如行业集中度，外贸依存度等因素与TRI有效结合，有助于深入探讨行业经济变量与关税保护程度之间的关联。该文研究认为，1890年后加拿大谨慎地选择削减与国内行业发展互补的进口商品的关税，显著地减少了之前高关税政策下所造成的福利损失。上述研究均表明，不恰当的加总方法会严重低估贸易政策改革的福利效应和贸易效应，与传统的测算净福利损失的方法相比，贸易限制指数测算的净福利损失更高。

二、中国贸易限制指数的相关研究

巴赫等（Bach et al., 1996）在回顾了中国关税政策改革以及入世谈判承诺的基础上，对中国加入WTO的政策效应进行研究，运用贸易限制指数测算了中国1992年的真实关税水平，并将其与中国承诺的2005年的关税水平进行对比，继而探讨中国加入WTO后对中国及其贸易伙伴国的福利影响。盛斌（2002）运用贸易限制指数测算了中国农业、

第三章 关税与贸易限制理论

食品加工、自然资源、纺织品、服装、轻工业制品、交通设备及机械以及重工业品在中国加入WTO前后的1992年和2005年的贸易限制指数。陈和马（Chen & Ma，2012）以芬斯特拉（Feenstra，1995）的研究为基础，测算中国加入WTO后进口需求弹性的变化，并依据弹性数据计算和分析中国贸易限制指数以及由关税壁垒引起的福利无谓损失变化。陈等（Chen et al.，2014）放松模型小经济体假设，将芬斯特拉（Feenstra，1995）的TRI指数衍生至GTRI指数，在其GTRI指数中加入进口关税、进口份额以及相应进口产品的进口需求弹性和出口供给弹性，并将GTRI应用于中国加入WTO后的关税政策保护研究，其结果显示，GTRI指标高于简单平均和贸易额加权平均的关税水平，但低于TRI，而关税与出口供给弹性负相关的联系表明，在中国加入WTO之前，中国采取战略贸易政策保护国内产品，最后，该文对贸易保护的福利损失和贸易条件进行估算，并分析发现关税对进口价格的传递程度在加入WTO后有明显的下降。

陈勇兵等（2014）借鉴吉等（Kee et al.，2008）的方法，利用WTO最惠国待遇关税估算中国关税政策的贸易限制指数（TRI）和由进口关税壁垒引致的福利无谓损失（DWL）。研究结果显示，中国贸易限制指数显著高于进口加权平均关税，如果忽略关税方差以及关税与进口需求弹性之间的协方差，那么对贸易限制指数的估计将会被低估大约80%。不过进口加权平均关税仍是贸易限制指数中的重要元素，而关税方差是导致加权平均关税与TRI偏离的主要驱动力，协方差影响相对较小。具体年度数据分析，2002年，贸易限制指数、简单平均关税和加权平均关税三者急剧下降，主要原因是中国于2001年12月正式加入WTO，进口关税大幅削减。2006年，贸易限制指数下降到简单平均关税之下，但仍大于进口加权平均关税。这种下降趋势并没有一直持续下去，2008—2010年，中国进口关税的贸易限制指数有所回升，这与2008年由美国次贷危机引发的全球金融危机不无干系，各国贸易保护主义抬头以保护本国市场，中国也做出了相应的调整。该文还进一步估算了中国由进口关税壁垒引致的福利无谓损失，分析结果显示，关税方差首先是造成福利无谓损失的主要因素；其次是关税，由关税和进口需求弹性之间的协方差导致的福利无谓损失影响最小。如果忽略关税方差以及关税与进口需求弹性之间的协方差，福利无谓损失将大约被低估170%。顾振华和沈瑶（2016）利用2003—2013年40个国家（地区）的数据，对中国各行业的进口需求弹性进行了不同于陈勇兵等（2014）的再计算，并且利用弹性估计值测度了中国贸易限制指数和由关税引起的福利无谓损失。其结果表明：中国的大多数进口产品并不缺乏弹性；贸易限制指数和福利无谓损失都呈现出先低后高的走势，2008年金融危机是趋势改变的转折点，贸易保护宽度是影响TRI和福利无谓损失的最主要因素。对关税产品结构具体分析认为，中国的关税壁垒虽然有所下降，但是关税壁垒所涉及的产品范围依旧很广，这些繁多的关税增加了中国贸易的扭曲程度。从数值上来看，2003年至2007年的贸易无论是TRI，简单平均关税，还是进口加权关税和关税方差基本都在逐年下降。但自从2008年金融危机爆发以后，中国各项贸易限制指标均有所上升。另外，虽然协方差并不是TRI的最主要的组成部分，但是其大小也与进口加权关税相当，是贸易限制指数中不可忽略的一部分。关税壁垒在中国造成的福利无谓损失（DWL）在2007年前基本是不断下降，而2008年金融危机爆发后，随着关税壁垒的不断增强，DWL上升很快，2012年，DWL高达4千多亿美元，是2003年的2倍多。从福利无谓损失（DWL）的组成部分来看，关税方差仍旧是最主要的因素，关税方差导致的损失值显示，由贸易保护宽度带来的损失占到了总损失的 50% 以上，对于进口需求弹性和关税的协方差带来的损失而言，虽然它们占总 DWL 的比例较低，但是绝对损失值也达到 100 多亿美元。

刘庆林和汪明珠（2014）在贸易限制指数理论的基础上，运用可计算的一般均衡模型，测算了中国农产品市场准入政策的保护水平和结构，并对测算结果进行了敏感性检验。结果表明，加入 WTO 之后中国农产品市场准入政策的保护水平明显降低，而 2007 年次贷危机之后，保护水平上升较明显，2011 年全球经济恢复发展，中国农产品市场准入政策的保护水平也明显下降。同时，从保护结构看，现阶段对受非关税壁垒政策影响的农产品、中间产品、劳动密集型产品、消费导向产品和畜产品的贸易政策的调整对调节中国农产品市场准入政策的保护水平更有效。赵晨阳（2017）以吉等（Kee et al., 2008）的 TRI 分解公式为基础，结合布罗达和温斯坦（Broda & Weinstein, 2008）使用联立方程组模型估计进口需求弹性的方法，基于 1992—2014 年的贸易数据，对拉美 19 个主要国家的贸易限制情况进行了考察，实证结果显示，当前拉美国家的整体贸易限制水平较低（样本 19 个国家平均为 10.48），远低于印度（28.16），与中国（11.12）水平相当，但高于韩国（6.86）等相对成熟的外向型经济体。其研究进一步将重点限于中国在拉美的 6 个主要贸易伙伴国，分析了双边贸易限制的发展趋势，对贸易限制与经济增长之间的关系进行了初步的探讨。就具体国家而言，秘鲁贸易限制的快速下降体现了贸易自由化建设对于贸易限制的显著影响；而拉美主要经济体巴西、阿根廷以及墨西哥的 TRI 指数在整个地区处于居中水平，体现了开放与保护并存的战略；委内瑞拉则呈现典型的贸易保护。模型将福利无谓损失（DWL）分解为三个部分，其中方差项贡献程度较高的国家，如墨西哥、阿根廷，关税系统设置相对复杂,针对不同产品的关税率差异极大,因此产生了更大的福利无谓损失。通过对贸易限制与经济增长、人均GDP的相关性分析表明,当前拉美主要国家的贸易限制随着人均GDP的上升呈现缓慢上升的趋势,表明经济发展水平依旧处于具有一定保护主义色彩的本土工业化阶段,同时,具有较低贸易限制的国家,经济增长率往往较高。

王晓星和倪红福(2019)将吉等(Kee et al.,2008)计算总体进口需求弹性的方法推广到双边层面,利用123个国家或地区2000—2016年HS6分位进口数据,对双边进口需求弹性和贸易限制指数进行估算,并重点评估了中美经贸摩擦的福利损失。结果显示,首先,2000—2016年中国贸易限制指数呈现先显著下降后波动上升并逐渐保持平稳的趋势。2001年之后TRI有大幅降低,从该年的23.32%下降至2002年的12.61%,表明中国在2001年加入WTO后进口关税大幅度下调,使贸易限制指数明显减小。而受2008年全球金融危机影响,中国贸易限制指数又从2009年的7.48%上升到2010年的8.02%。其次,简单平均关税和进口加权平均关税均比TRI要小,表明传统衡量贸易限制程度的指标会低估现实中贸易保护的程度。原因在于传统的加权关税指标(无论是简单加权还是进口份额加权)忽略了关税结构间的差异以及关税与进口需求弹性的相互作用,这也表明相比于加权平均关税指标,贸易限制指数的优点在于更加全面地评估了单个产品关税本身以及不同产品间关税数值的差异对贸易限制程度所施加的影响。最后,以双边关税和双边进口需求弹性测算的TRI小于以多边关税和总体进口需求弹性测算的数值,并且自2014年以来两者差异较为显著,说明现有文献采用多边关税和总体进口需求弹性测算的贸易限制指数高估了现实中贸易保护的程度。近些年,中国与贸易伙伴之间互惠贸易协定签订增多,双边关税得到很大程度的削减，如果仍用多边关税衡量贸易保护程度，会高估实际情形，因此运用双边关税和双边进口需求弹性测算贸易限制指数更为精确。倪红福等（2020）扩展测算了包含反倾销税的贸易限制指数，利用2001—2015年G20经济体的进口贸易数据，分阶段测算了G20经济体进口需求弹性系数和贸易限制指数，在此基础上考察了贸易限制指数与增加值贸易的关系。其结果表明：第一，2008年国际金融危机后，G20各经济体的进口需求弹性系数变化对贸易限制指数变化的贡献率存在差异，且发达经济体进口需求弹性系数的贡献率总体上高于中国、印度等发展中经济体；第二，从贸易限制指数变化趋势看，2000—2015年大部分经济体贸易保护程度在波动中呈下降趋势，且中国下降幅度最大。但是国际金融危机后，欧盟、日本、韩国、美国等经济体的贸易保护呈一定程度的上升趋势，发达经济体逆全球化趋势明显；第三，在扩展考虑反倾销税后，各经济体贸易限制指数有所增加，发达经济体的增加程度尤为明显，说明现实中除关税外，发达经济体越来越多地采用非关税贸易保护措施；第四，贸易限制指数显著降低了出口的国内增加值和国外增加值，表明贸易自由化总体上促进了增加值贸易，传统进口加权平均关税率低估了贸易保护程度，也低估了贸易自由化对增加值贸易的影响。

第三节 中国贸易限制指数的实证研究

本节将基于芬斯特拉（Feenstra，1995）与吉等（Kee

et al.,2008)的局部均衡模型,对中国 2001—2018 年贸易限制指数进行计算,并估算关税的福利经济损失。研究思路如下:首先估算中国以 HS1996 为产品标准划分的 6 分位进口产品 2001—2018 年间的进口需求弹性数据,并使用局部均衡设定下的贸易限制指数的测算公式,计算中国经济整体、农业和工业两大产业的贸易限制指数和关税的福利无谓损失;其次,由于以国民经济整体和产业大类对贸易限制指数给予分析,模糊了国民经济各细分行业的具体行业特征,由此,进一步对国民经济行业的农林牧渔、采掘业以及制造业在内的 35 个行业的 2001—2018 年的贸易限制指数进行比较分析。

一、贸易限制指数的测算方法

采用芬斯特拉和吉等的贸易限制指数的测算公式,

$$TRI_c = \left[\frac{\sum_n s_{nc}\varepsilon_{nc}t_{nc}^2}{\sum_n s_{nc}\varepsilon_{nc}}\right]^{1/2} \tag{3.11}$$

式(3.11)中,t_{nc} 为 c 国 n 产品进口关税;s_{nc} 是 n 产品进口额占 c 国 GDP 的份额;ε_{nc} 为 c 国 n 产品的进口需求弹性系数。由此,局部均衡下的 TRI 等于关税平方的加权平均值的平方根,其权重取决于进口需求弹性和产品进口份额。根据式(3.11),当关税设置为均等税率,即所有进口产品适用相同的关税税率,TRI 等于贸易额加权平均关税和简单平均关税。设 $\bar{t}_c$ 为 c 国进口贸易额加权平均关税,用公式定义如下表达式:

$$\bar{t}_c \equiv \sum_n s_{nc}t_{nc}, \qquad \sigma_c^2 \equiv \sum_n s_{nc}(t_{nc}-\bar{t}_c)^2 > 0$$

$$\bar{\varepsilon}_c \equiv \sum_n s_{nc}\varepsilon_{nnc}, \qquad \tilde{\varepsilon}_{nc} \equiv \frac{\varepsilon_{nnc}}{\bar{\varepsilon}_c} > 0, \qquad \rho_c \equiv \text{cov}(\tilde{\varepsilon}_{nc},t_{nc}^2)$$

$$\tag{3.12}$$

根据上述定义，式（3.12）可进一步简化为（推导过程见附录3）：

$$TRI_c = \left[\sum_n s_{nc}\tilde{\varepsilon}_{nc}t_{nc}^2\right]^{1/2} = \left[E(\tilde{\varepsilon}_{nc}t_{nc}^2)\right]^{1/2}$$
$$= \left[\bar{t}_c^2 + \sigma_c^2 + \rho_c\right]^{1/2} \quad (3.13)$$

TRI 分解为三部分，进口加权平均关税 $\bar{t}_c^2$，关税方差 σ_c^2，进口需求弹性系数与关税平方的协方差 ρ_c。从分解公式可以看出，加权平均关税是 TRI 的分解项之一，如果高关税加征在进口需求富有弹性的产品上面，需求弹性和关税平方的协方差为正，则加权平均关税将小于 TRI。同时，关税方差越大，TRI 偏离加权平均关税的程度也越大。

在求出贸易限制指数后，可进一步测算关税带来的福利无谓损失（DWL）。在吉等（Kee et al.，2008）的局部均衡设定下，福利无谓损失表示如下：

$$DWL_c \equiv \frac{1}{2}GDP_c\sum_n s_{nc}\varepsilon_{nc}t_{nc}^2$$
$$= \frac{1}{2}(TRI_c)^2 GDP_c\sum_n s_{nc}\varepsilon_{nc}$$
$$= \frac{1}{2}\bar{t}_c^2 GDP_c\bar{\varepsilon}_c + \frac{1}{2}\sigma_c^2 GDP_c\bar{\varepsilon}_c + \frac{1}{2}\rho_c GDP_c\bar{\varepsilon}_c$$
$$(3.14)$$

式（3.14）中第一项表示由平均关税水平所导致的福利无谓损失，第二、三项分别为关税方差和关税与需求弹性的协方差导致的福利无谓损失。由式（3.13）和式（3.14）可以看出，如果可以估计出双边进口需求弹性，便能结合贸易和 GDP 数据测算出贸易限制指数和关税导致的福利无谓损失。

二、进口需求弹性的估算模型

假设在 t 时刻，净产出向量 $q = (q_1, q_2, \cdots, q_n)$ 和

要素禀赋向量 $v = (v_1, v_2, \cdots, v_m)$ 组成一个严格凸性的生产集合 S，由于下文分析均在 t 时刻展开，因此省略下标 t。在完全竞争市场和希克斯中性技术条件下，GDP 函数根据科利（Kohli，1991）和哈里根（Harrigan，1997）的方法，由内生的生产水平决定：

$$G(\bar{p}, A, v) \equiv \max_q [\bar{p} \cdot Aq : (q, v) \in S]$$
$$\equiv \max_q [\bar{p}A \cdot q : (q, v) \in S] \quad (3.15)$$

式中，$\bar{p}$ 是外生国际价格向量；A 是 n 阶对角矩阵表示希克斯中性技术；G 则为给定价格和要素禀赋条件下的最大 GDP 值。根据吉等（Kee et al.，2008）的假设，将进口产品作为最终消费品生产的投入，即 $q < 0$。由于各国技术水平不同，根据哈里根（Harrigan，1997）和肖特（Schott，2004）的处理方法将 p 表示为不同国家的国内价格向量，其不单反映产品的价格，还反映各国不同的生产力，即 $p - \bar{p}A$。因此，式（3.15）可以被改写为：

$$G(p, v) \equiv \max_q [p \cdot q : (q, v) \in S] \quad (3.16)$$

假设 GDP 是价格的一阶齐次函数，由于生产集合 S 为凸集合，因此 GDP 函数二次可微并且是价格的凸函数，要素禀赋的凹函数。GDP 函数被处理为关于国内价格和要素禀赋的全弹性超越对数函数形式：

$$\ln G = a_0 + \sum_{n=1}^{N} a_n \ln p_n + \frac{1}{2} \sum_{n=1}^{N} \sum_{k=1}^{N} a_{nk} \ln p_n \ln p_k$$
$$+ \sum_{m=1}^{M} b_m \ln v_m + \frac{1}{2} \sum_{m=1}^{M} \sum_{l=1}^{M} b_{ml} \ln v_m \ln v_l$$
$$+ \sum_{n=1}^{N} \sum_{m=1}^{M} c_{nm} \ln p_n \ln v_m \quad (3.17)$$

式（3.17）中，n 和 k 是产品的种类；m 和 l 是要素的种类；a、b 和 c 是参数。GDP 函数满足价格的一阶齐次性和交叉价格效应的对称性特征，同时，假设 GDP 函数具备

要素禀赋的一阶齐次性和对称性,由此,我们获得参数 a, b 和 c 的限制性条件:

$$\sum_{n=1}^{N} a_n = \sum_{m=1}^{M} b_m = 1, \sum_{k=1}^{N} a_{nk} = \sum_{n=1}^{N} c_{nm} = \sum_{l=1}^{M} b_{ml} = \sum_{m=1}^{M} c_{nm} = 0$$
$$a_{nk} = a_{kn}, b_{ml} = b_{lm} \ \forall n, k = 1, \cdots, N \ 和 \ \forall m, l = 1, \cdots, M$$
(3.18)

将式(3.18)中限制性条件应用于式(3.17),根据 GDP 生产函数,可获得 $\ln G$ 对 $\ln p_n$ 的一阶导数:

$$s_n = \frac{\partial \ln G}{\partial \ln p_n} = a_n + a_{nn} \ln p_n + \sum_{k \neq n}^{N} a_{nk} \ln p_k$$
$$+ \sum_{m=1}^{M} c_{nm} \ln v_m \ \forall n = 1, \cdots, N \quad (3.19)$$

式(3.19)中,s_n 为均衡时进口额占 GDP 的份额;a_{nn} 为自身价格效应;a_{nk} 为交叉价格效应;c_{nm} 是产出份额对于要素禀赋的弹性。根据式(3.19),可获得进口需求弹性的表达式:

$$\varepsilon_n = \frac{\partial q_n/q_n}{\partial p_n/p_n} = \frac{a_{nn}}{s_n} + s_n - 1 \leqslant 0 \quad \forall s_n < 0 \quad (3.20)$$

式(3.20)中,ε_n 为产品 n 的进口需求弹性,是关于自身价格效应 a_{nn} 的函数,因此,估算进口需求弹性的关键在于测算自身价格效应 a_{nn}。从式(3.20)可知,进口需求弹性 ε_n 的值大小取决于 a_{nn} 的符号

$$\varepsilon_n \begin{cases} < -1 & if \quad a_{nn} > 0 \\ = -1 & if \quad a_{nn} = 0 \\ > -1 & if \quad a_{nn} < 0 \end{cases}$$

当自身价格效应 $a_{nn} = 0$ 时,进口产品的份额 s_n 不随着进口价格变动而改变,此时 ε_n 是单位弹性,即进口产品价格的上升引起进口需求同比例的下降,产品 n 的进口规模保持不变。当 $a_{nn} < 0$,进口份额随其进口价格上升而下调,由

于模型设定中进口产品为中间产品,其份额为负值,因此,进口份额的绝对规模伴随进口价格上升而增加,此时,进口需求弹性 ε_n 是缺乏弹性,即进口需求下降幅度小于进口产品价格的上升幅度,进而导致进口份额的扩大。当 $a_{nn} > 0$,进口份额绝对值随其进口价格上升而下降,此时 ε_n 是富有弹性的,即进口需求下降幅度大于进口产品价格的上升幅度,进而导致进口份额的缩小。

式(3.19)中参数包括自身价格效应 a_{nn} 和交叉价格效应 a_{nk},相当于一个 n 阶置换矩阵中的所有上三角元素,参数个数为 $N(N+1)/2$。大量的参数估计将耗尽观测样本的自由度。为减少参数个数,将全弹性超越对数函数转变为半弹性超越对数函数形式,同时对转变后的价格参数适用齐次性和对称性约束条件,得到新的进口份额方程:

$$s_n = a_n + a_{nn} \ln\left(\frac{p_n}{\bar{p}_{-n}}\right) + \sum_{m \neq l, m=1}^{M} c_{nm} \ln \frac{v_m}{v_l} \quad \forall n = 1, \cdots, N$$

(3.21)

式(3.21)中,$\ln \bar{p}_{-n} = \sum_{k \neq n}^{N} (a_k / \sum_{k \neq n}^{N} a_k) \cdot \ln p_k$ 表示所有非 n 产品价格的加权平均;等式右边第三项源自要素禀赋的一阶齐次约束,即 $\sum_{m=1}^{M} c_{nm} = 1$。由于计算所有非 n 产品的加权平均价格 $\ln \bar{p}_{-n}$ 的权重未知,我们使用非 n 产品托恩奎斯特(Tornqvist)价格指数的平均价格作为代理变量,并依据用 GDP 平减物价指数表示所有商品价格指数的做法,进一步将 $\ln \bar{p}_{-n}$ 简化。由于该价格指数近似方法不可避免引入测量误差,因此,设:

$$\ln p_{-n} = (\ln P - \bar{S}_n \ln p_n) / (1 - \bar{S}_n) \quad \ln \bar{p}_{-n} = \ln p_{-n} + u_n$$

式中,P 为 GDP 平减价格指数;$\bar{S}_n = (S_n + S_n^{-1})/2$,$S_n^{-1}$ 为 n 产品上一期进口占 GDP 比重;u_n 为随机误差项表

示测量误差。进而得到如下方程：

$$s_n = a_n + a_{nn}\ln\left(\frac{p_n}{p_{-n}}\right) + \sum_{m\neq l, m=1}^{M} c_{nm}\ln\frac{v_m}{v_l} + u_n$$

$$\forall n = 1, \cdots, N \tag{3.22}$$

式（3.22）中结构参数缩减为 M 个，该式是用于估算自身价格效应 a_{nn}，进而计算进口需求弹性 ε_n 的基础方程。

三、经验研究方法确定和数据选择

（一）样本选择问题

由于式（3.21）中的被解释变量为进口份额，那么只有进口值为正的产品才会被计算，这就需要进行样本选择。对于每一个产品 n 而言，样本选择模型表示为：

$$\text{measure}_{itn} = \kappa' V + \xi_{itn} \tag{3.23}$$

式（3.23）中，measure_{itn} 表示 t 时期 n 产品在 i 国的进口值是否为正，如果为正则为 1，否则为 0。V 为外生解释变量，参考吉等（Kee et al., 2008）的方法，选择下文中提到的工具变量作为解释变量。对式（3.22）使用赫克曼（Heckman）方法，得到反米尔斯比 mills_{itn}，将其代入式（3.21）中得到下列回归模型：

$$s_{int} = a_0 + a_i + a_t + a_{nn}\ln\left(\frac{p_{int}}{p_{-int}}\right) + \sum_{m\neq l, m=1}^{M} c_{nm}\ln\frac{v_{imt}}{v_{ilt}}$$

$$+ \text{mills}_{int} + u_{int} \quad \forall n = 1, \cdots, N \tag{3.24}$$

式（3.24）中，个体固定效应 a_i 和时间固定效应 a_t 控制国家和年份固定效应。

（二）序列相关与内生性问题

对于价格问题的研究，由于市场对价格存在反应时滞，需要考虑时间序列相关性。在式（3.24）中，当期进口份额可能无法充分体现解释变量带来的影响，因此，加入滞后一期的进口份额，以控制序列相关性，式（3.23）扩展为：

$$s_{int} = a_0 + a_i + a_t + s_{int-1} + a_{nn}\ln\left(\frac{p_{int}}{p_{-int}}\right) + \sum_{m \neq l, m=1}^{M} c_{nm}\ln\frac{v_{imt}}{v_{ilt}}$$
$$+ \text{mills}_{int} + u_{int} \quad \forall n = 1, \cdots, N \quad (3.25)$$

式（3.25）为动态面板模型，将使用系统 GMM 回归，且用稳健标准误控制异方差。该式中相对价格的变化可能与误差项相关。如果进口国面临的供给曲线向上倾斜，进口需求的增加将抬升进口价格，这将对系数 a_{nn} 产生偏向 0 的有偏估计，进而低估进口需求弹性。此外，考虑数据的限制，进口商品的价格以单位产品价值来近似，这也会对系数估计产生偏差。因此，需要找到工具变量控制内生性问题。基于现有文献，使用的工具变量包括世界其他国家产品价格的简单平均、反向距离加权平均以及贸易加权平均距离变量。两个价格工具变量用公式表示为

$$z_{nc}^t = \ln\frac{\bar{p}_{n-c}^t}{\bar{p}_{-n-c}^t}$$
$$= \ln\left(\sum_{k \neq c} w_k p_{nk}^t\right) - \frac{\ln\sum_{k \neq c} w_k p_k^t - \sum_{k \neq c} w_k \bar{s}_{nk}^t \ln\left(\sum_{k \neq c} w_k p_{nk}^t\right)}{1 - \sum_{k \neq c} w_k \bar{s}_{nk}^t}$$

$$(3.26)$$

$$w_k = \begin{cases} 1/(C-1) & C \text{ 为 } n \text{ 产品所有样本国家} \\ 1/\text{国家 } c \text{ 与 } k \text{ 之间的物理距离} \end{cases}$$

贸易加权平均距离用公式表示为 $z_{nc}^t = \sum_k w_k^t distance_{kc}$，其中，$w_k^t$ 表示 t 时期 k 国 n 产品出口量占世界总出口量的比率，$distance_{kc}$ 则是 k 国和 c 国首都间的距离。Wu 检验结果验证了它们的合理性。

总之，对于价格效应系数的估计方法为基于固定效应模型的系统 GMM 方法，使用工具变量和稳健标准误控制内生

第三章 关税与贸易限制理论

性和异方差问题。获得价格效应系数后，依据式（3.20）通过年度平均进口份额得到最终进口需求弹性的估计值。

（三）回归方法确定

借鉴吉等（Kee et al., 2008）的做法，使用其他国家加权相对价格和出口贸易加权距离作为工具变量，以纠正内生性和测量误差问题的固定效应（FEIV）模型为基准模型对数据进行回归分析。以该基准模型结果为基础，考察数据选择问题，针对每个产品 probit 回归获得 Mills 比值，将该比值带入 FEIV 回归模型。原假设是认为如果 Mills 比值的系数显著，则不能拒绝存在样本选择偏差问题。对这类产品，将使用来自 pooled 2SLS 的回归结果作为最终结果。最后，考察序列相关性问题，基于 FEIV 结果，获得回归误差中存在序列相关的产品类别，对这部分产品，考虑进口份额调整的时滞性①。由此，对于这部分产品将分成两类：第一类是既有序列相关问题，同时也包含数据选择问题的，使用加入 Mills 比值作为额外解释变量的 GMM 回归；第二类是只需要处理序列相关问题，不存在数据选择问题的产品，使用不包含 Mills 比值的 GMM 回归方法。因此，根据各种产品的统计信息，最终使用 4 种回归方程分析所有产品，包括基准 FEIV 回归方法、使用 pooled 2SLS 回归、使用带有 Mills 比值的 GMM 回归和解释变量中不包括 Mills 比值的 GMM 回归。

（四）数据来源

贸易数据来源于联合国 UN – Comtrade 数据库，该数据库包括研究所需的 HS6 分位产品的进口量、进口值和单位价值数据。剔除掉数据缺失严重的国家，最终研究对象包括

---

① 判断误差项序列相关问题的方法在吉等（Kee et al., 2009）的脚注 19 中有详细说明。

136个国家2001—2018年HS1996的6分位进口数据。为避免经济上无意义的产品对结果造成偏差,在估计包括工具变量的式(3.25)之前,对样本进口价值做了单边0.5%的截尾处理,剔除进口价值过小的产品。在回归中加入3种要素禀赋:劳动、资本存量和农业土地。劳动和农业土地的数据直接来自世界银行的World Development Indicators(WDI)数据库,而资本存量数据则是利用WDI中的实际投资数据通过永续盘存法计算获得。

四、实证结果分析

利用上述方法获得进口需求弹性回归结果后,从中提取中国进口弹性数据,经处理后得到2001—2018年近8.4万个观测值。估算关税贸易限制指数的进口关税数据来源于WTO成员享有的最惠国(MFN)待遇关税,并且使用的是统一关税,即一国对从不同国家进口的产品征收的关税是相同的。在计算贸易限制指数时,仅考虑关税政策带来的实际保护程度,忽略了非关税贸易壁垒等进口约束条件。本节首先对估算出的进口需求弹性进行总体特征描述;其次,计算国民经济整体的关税政策的贸易限制指数(TRI)与福利无谓损失(DWL);再次,将国民经济行业划分为农业和工业两大类,分别统计各大类产品的贸易限制指数,并结合农业和工业增加值数据,计算两类行业关税的福利无谓损失;最后,进一步将贸易限制指数分析细分到行业层面,即国民经济行业的农林牧渔、采掘业以及制造业在内的35个行业。

(一)中国进口需求弹性分析

依据现有文献大多假设进口需求弹性系数不随时间变化,即式(3.20)中s_n取值为样本期间2001—2018年的均值,代入计算获得HS6分位产品的平均进口需求弹性值。

为了使分析结果更为稳健,对所估弹性值做上下各1%的截尾处理以消除离群值影响。由于进口需求弹性应为负值,参考王晓星和倪红福(2019)的做法,不考虑估计结果中弹性为正的情况,最终保留了4610种产品的进口需求弹性。本书估计的2001—2018年中国进口需求弹性整体简单平均值为-6.37,中位数为-1.3。

(二)中国贸易限制指数比较分析

表3-1展示了2001—2018年中国关税的简单平均、贸易额加权平均、贸易限制指数(TRI)与其分解项(贸易额加权平均关税的平方项、关税方差和关税与进口需求弹性的协方差)数据。① 表中数据显示,整个时间跨度内,中国贸易保护程度在显著削减,简单关税由2001年的14.44%降至2002年的10.83%,TRI则由20.72%降至11.72%,降幅分别为3.61%和9%,TRI削减幅度更大,说明中国进口贸易实际保护程度的削减比名义关税衡量的保护程度还显著。中国贸易限制指数(TRI)与关税简单平均值相比,2001—2004年TRI高于简单平均关税,但之后则大多数年份TRI都低于简单平均关税,这表明基于关税税则计算的简单平均关税并没有低估目前中国关税政策的实际限制程度。中国TRI显著高于进口贸易额加权平均关税,2001年TRI数值为20.72%,同期贸易额加权平均关税只有14.24%,2001—2018年TRI平均值为9.11%,而加权平均关税均值为5.32%。随着中国履行WTO成员的关税削减承诺,加大开放国内市场力度,限制进口的关税水平不断下降,TRI和

---

① 由于在计算进口需求弹性时,对弹性极端值和负值进行了删减处理,经过关税数据与进口产品需求弹性匹配后,本章保留的关税数据与第二章第二节中关税数据并不完全一致,因此,本章关税统计指标与上章数据存在小幅偏差。此外,根据附录2,本章将各年HS版本调整归属为HS1996产品划分标准,在调整过程中,也不可避免存在少量数据近似处理,由此,本章所使用的关税数据与第二章第二节虽具有可比性,但所包括的信息并不完全一致。

加权平均关税也在持续下降中。有趣的发现是,现有文献均强调2008年金融危机发生后,中国的贸易保护程度有所增强,并将该措施解释为中国应对国际贸易保护主义抬头,各国纷纷出台限制性贸易措施而采取的反制措施,但本书的实证数据显示,不论是TRI,还是加权平均关税,在2008年、2009年两年间,不存在明显上调趋势,但在2010—2013年,两者出现小幅上涨,这说明中国在2010年才开始采取关税应对措施,不仅政策调整力度较小,而且持续时间较短,2014年后TRI又呈现下调趋势。由此,中国的关税政策,不论是依据简单关税、加权平均关税还是TRI判断,基本维持较低贸易保护程度的状态,中国一直贯彻全球自由贸易框架下的国民经济发展思路,致力于在全球合理分工下,获取有效资源配置,最大程度促进经济和技术发展速度的提高。

表 3-1　　　　中国贸易限制指数及其分解 (2001—2018 年)

年份	简单平均关税 (%)	贸易额加权平均关税 (%)	TRI (%)	TRI 的分解		
				加权平均关税平方	关税方差	协方差
2001	14.44	14.24	20.72	202.82	249.84	-23.49
2002	10.83	7.47	11.72	55.87	77.76	3.66
2003	9.83	6.38	10.20	40.71	63.33	-0.05
2004	9.03	5.77	10.05	33.24	61.69	6.08
2005	8.62	5.00	8.59	24.99	45.88	2.87
2006	8.55	4.73	8.02	22.39	41.57	0.31
2007	8.48	4.44	7.31	19.69	32.91	0.86
2008	8.49	4.24	7.11	17.98	31.88	0.74
2009	8.41	4.29	7.11	18.42	31.50	0.69
2010	8.50	4.46	7.74	19.90	38.37	1.57
2011	8.55	4.51	8.07	20.32	43.00	1.76

续表

年份	简单平均关税（%）	贸易额加权平均关税（%）	TRI（%）	TRI 的分解		
				加权平均关税平方	关税方差	协方差
2012	8.62	4.58	8.90	20.93	51.92	6.40
2013	8.59	4.36	8.53	19.05	48.14	5.58
2014	8.66	4.45	8.28	19.77	45.28	3.60
2015	8.72	4.24	8.21	17.96	44.51	4.98
2016	8.63	4.25	8.09	18.02	43.14	4.23
2017	8.49	4.32	7.75	18.65	38.17	3.19
2018	8.51	3.98	7.59	15.82	37.35	4.38

注：表中数据为笔者根据联合国数据库、WTO 数据和国家统计局相关年鉴数据计算得出。①

2018 年 TRI 和贸易额加权平均关税分别为 7.59% 和 3.98%，这说明如果忽略关税方差以及关税与进口需求弹性间的协方差，贸易限制指数将会被低估 50% 左右。根据 TRI 的分解数据，可以发现在其三项构成中，关税方差一直是贸易限制指数中最重要的组成部分，其次是加权平均关税的平方项，协方差的影响相对较少。纵观 TRI 分解数据，随着时间推移，加权平均关税的平方维持下降趋势，尤其是在 2001—2009 年间，这与中国加入世界贸易组织后履行关税减让义务，并于 2010 年完成关税削减承诺的时间一致。关税方差则经历了先降后增再降的变化过程，2001 年起，关税方差持续下降，直至 2009 年达到最低点 31.5，后缓慢上升至 2012 年的 51.92，再又一路下滑至 2018 年的 37.35。值得强调的是，2008 年和 2009 年的贸易限制指数和关税方差达到了中国加入世界贸易组织后 18 年间的最低点，这说

---

① 本节表 3-1 至表 3-7 的数据来源同。

明这两年关税设置的同质性特征最强,即从福利经济学角度分析,这两年的实际关税设置更有利于降低关税造成的福利无谓损失。此外,进口加权平均关税与进口需求弹性的协方差在 2001 年和 2003 年为负值,如果高关税更多适用于不富有弹性的进口商品上,协方差表现为负数,这说明中国在成为 WTO 成员的前两年的关税设置存在对进口缺乏弹性的进口产品征收高关税的趋势。

(三) 关税的福利无谓损失分析

进一步估算由进口关税壁垒引致的福利无谓损失,结果见表 3-2。表 3-2 包括了关税福利无谓损失 (DWL)、DWL 的三个分解项 (分别为由加权平均关税的平方项、关税方差和关税与进口需求弹性的协方差造成的福利无谓损失) 以及 DWL 占国家 GDP 的比重数据。从总体上来看,2001 年 DWL 高达 2694.4 亿元,自 2002 年起 DWL 大幅下降,2002 年降至 915.7 亿元,一年内的降幅高达 66%,2005 年 DWL 降至最低点 738.6 亿元。根据 DWL 的计算公式,关税税率越低、关税在产品间分布同质性越强、产品进口需求弹性与关税负相关;DWL 越小,同时,GDP 规模显著正向影响 DWL 的大小。2001—2005 年的关税削减对 DWL 的影响幅度超过 GDP 增幅的影响,导致 DWL 数值在这几年间持续下降。2006 年和 2007 年 DWL 在低位徘徊,2008 年福利无谓损失略微回升,2010 年起,福利无谓损失增长明显,2012 年重新爬升至 2000 亿元大关。虽然福利无谓损失绝对数值在 2008 年起呈现回调上涨趋势,但由于 DWL 表达式决定其数值大小与 GDP 成正比,即 GDP 增长,关税结构不发生任何变化,福利无谓损失也会随之上涨,因此,观察 DWL 占 GDP 比重更能揭示关税的福利成本。表 3-2 中最后一列显示该比值。可以看出,中国加入 WTO 的第二年,2002 年 DWL 占 GDP 比值就下降到 0.75%,之后几年持续

第三章 关税与贸易限制理论

下调，至 2005 年降至 0.39%，2009 年降至样本期间的最低点 0.26%。而其后的所有年份，除了 2012 年的 0.41%，其他年份的占比均小于 2005 年的水平。需要强调的是，2008—2011 年间，DWL 占 GDP 比重一直在历史低位徘徊，2008 年和 2009 年仅为 0.27% 和 0.26%，2011 年为 0.34%，这说明金融危机爆发的头几年，中国的关税导致的福利无谓损失占 GDP 比重维持在低位，并没有立即做出保护性或资源配置扭曲性关税政策的调整。直至 2012 年，在其他国家保护性关税和非关税壁垒措施层层加码的重压下，中国政府才被迫采取相应的应制性措施，调整本国关税政策。2012 年和 2013 年，DWL 增至 2224 亿元和 2243.7 亿元，占 GDP 比重分别为 0.41% 和 0.38%。2018 年，DWL 增至 2775 亿元，占比为 0.31%。

表 3-2　中国关税的福利无谓损失及分解数据（2001—2018 年）

年份	DWL（亿元）	DWL 的分解（亿元）			DWL 占 GDP 比重（%）
		关税导致损失	关税方差导致损失	协方差导致损失	
2001	2694.4	1273.3	1568.5	-147.5	2.43
2002	915.7	372.6	518.6	24.4	0.75
2003	774.8	303.3	471.9	-0.4	0.56
2004	881.1	290.0	538.1	53.0	0.54
2005	738.6	250.3	459.6	28.8	0.39
2006	752.4	262.1	486.7	3.6	0.34
2007	760.2	280.0	468.0	12.2	0.28
2008	846.2	300.7	533.2	12.3	0.27
2009	923.6	336.1	574.9	12.5	0.26
2010	1290.8	429.3	827.6	34.0	0.31
2011	1659.2	518.1	1096.2	45.0	0.34
2012	2224.0	587.4	1457.1	179.5	0.41
2013	2243.7	587.4	1484.4	171.9	0.38

续表

年份	DWL（亿元）	DWL 的分解（亿元）			DWL 占 GDP 比重（%）
		关税导致损失	关税方差导致损失	协方差导致损失	
2014	2295.3	661.0	1514.1	120.2	0.36
2015	2423.5	645.3	1599.4	178.8	0.35
2016	2540.8	700.3	1676.0	164.5	0.34
2017	2625.1	815.7	1669.9	139.6	0.32
2018	2775.0	763.0	1800.8	211.3	0.31

表 3-2 中 DWL 分解数据显示，关税方差是造成福利无谓损失的主要因素，其次是关税。由关税与进口需求弹性间的协方差导致的福利无谓损失最小，且在 2001 年和 2003 年，协方差导致的损失值为负，说明其实际作用是削减了前两项导致的福利无谓损失。具体分析，2001 年关税方差导致的福利无谓损失为 1568.5 亿元，占 DWL 比重为 58.2%，至 2018 年，关税方差导致的福利无谓损失为 1800.8 亿元，占 DWL 比重为 64.9%，可以说是稳中有升的发展态势，这说明关税方差导致福利无谓损失的作用越来越强。贸易额加权平均关税导致的福利无谓损失占比在逐渐缩小，2001 年，关税导致的福利无谓损失为 1273.3 亿元，占 DWL 比重为 47.3%，而 2018 年关税导致的福利无谓损失为 763 亿元，仅占 DWL 的 27.5%。协方差导致的福利无谓损失与关税方差的趋势较为一致，其对福利造成的无谓损失呈增长态势，但占 GDP 的份额历年都没有超过 10%。

（四）农业的贸易限制指数与福利无谓损失分析

根据本书附录 2 中国民经济行业（GB2002）与 HS1996 的 6 分位产品的对应关系，对进口需求弹性和关税数据进行归类分析，获得农业部门的贸易限制指数与其分解数据，此处的农业为大农业概念，包括农林牧渔业在内，结果见表 3-3。

表3-3　　中国农业的贸易限制指数及其分解（2001—2018年）

年份	简单平均关税（%）	贸易额加权平均关税（%）	TRI（%）	TRI的分解		
				加权平均关税平方	关税方差	协方差
2001	19.04	62.89	77.81	3955.6	2303.9	-204.4
2002	12.55	10.01	18.55	100.2	225.1	18.8
2003	11.63	10.79	19.12	116.3	241.9	7.3
2004	11.58	17.30	29.87	299.4	432.5	160.2
2005	11.66	14.49	24.76	209.9	326.6	76.4
2006	10.59	14.61	21.64	213.3	256.9	-2.0
2007	10.44	11.39	18.44	129.6	211.0	-0.5
2008	10.80	9.19	15.80	84.5	165.0	0.1
2009	11.00	8.25	14.37	68.0	137.9	0.6
2010	11.77	10.93	19.04	119.5	211.0	32.0
2011	11.39	12.45	20.33	154.9	226.9	31.5
2012	11.95	13.40	24.50	179.4	311.2	109.6
2013	12.16	11.40	22.49	129.9	277.1	98.8
2014	12.24	8.37	18.05	70.1	192.9	62.8
2015	11.67	7.92	17.60	62.8	178.3	68.7
2016	11.81	7.33	16.02	53.7	154.1	48.8
2017	12.05	7.43	15.77	55.3	152.2	41.3
2018	12.06	8.20	16.96	67.2	173.0	47.5

中国成为WTO成员之后，农业TRI有显著的削减，2002年降至18.55%，削减幅度达到了76.2%。之后趋势是调整中下降，并于2009年达到最低点14.37%。TRI在2010—2012年间持续上涨之后，又再次转入下降轨道。农业部门的TRI与简单关税的对比关系不同于整体经济，农业的TRI在所有年份都比简单平均关税要高，说明关税税则确定的关税平均水平低估了关税政策对农业的贸易限制程度。类似于整体经济，农业部门的贸易限制指数要远大于进口加

权的平均关税,2001年农业TRI高达77.81%,而同期的加权平均关税只有19.04%。表3-3中数据显示农业部门的TRI高于表3-1中整体经济的相应指标,这说明农业部分的关税贸易限制程度要高于经济整体水平。

2018年农业部门的TRI和加权平均关税分别为16.96%和8.2%,这说明如果忽略关税方差以及关税与进口需求弹性间的协方差,贸易限制指数将会被低估50%左右。根据TRI的分解数据,可以发现其三项构成中,除了2001年关税平方项的影响程度超过关税方差外,其他年份的影响程度排序与整体经济一致,依次为关税方差、加权平均关税的平方项、协方差。纵观TRI分解数据,加入世界贸易组织后随着时间推移,加权平均关税的平方和关税方差基本维持下降趋势,直至2009年分别达到最低值,此后,两者均有所回升,至2013年到局部高点后再又一路下滑。农产品的关税方差在2009年为最低点,这也表明该年农产品关税设置较为均衡。此外,关税与进口需求弹性的协方差在2001年、2006年和2007年为负值,说明加入WTO后,中国农产品关税设置在若干年份表现出对进口需求缺乏弹性的进口产品征收相对较高关税的特征。

以农业增加值为依据,计算由进口关税壁垒引致的农业部门的福利无谓损失,结果见表3-4。2001年农业部门DWL高达4995.3亿元,2002年DWL锐减至291.4亿元,降幅高达94.2%,这首先与农业部门在2002年锐减的TRI直接相关;其次,2002年DWL分解三项中关税导致的无谓损失削减最为显著,这说明当年进口商根据关税削减调整进口策略,以大量的低关税产品的进口替换较高关税产品的进口,导致贸易额加权平均的关税削减更为显著。随后年份农业的DWL波动幅度较大,既有2008年和2009年的低值,424.5亿元人民币和365亿元人民币,也有2012年和2013

年的高值，1605.9亿元人民币和1457.4亿元。与DWL数值变动趋势一致，DWL占农业增加值比重在由2001年的31.66%锐减至2002年的1.76%后，也出现较大幅度的波动，既有2009年的最低值1.05%，也有2012年的3.17%，2018年DWL占产值比重为1.54%。DWL的分解数据显示，自2002年起，关税方差是造成福利无谓损失的主要因素，其次是关税，由关税与进口需求弹性间的协方差导致的福利无谓损失波动频繁且数值波动较大，在大多数年份，关税造成的福利无谓损失大于协方差，但2015年的数据则显示协方差造成的福利无谓损失超过关税。

表3－4　中国农业关税的福利无谓损失及分解数据（2001—2018年）

年份	DWL（亿元）	DWL的分解（亿元）			DWL占农业增加值比重（%）
		关税导致损失	关税方差导致损失	协方差导致损失	
2001	4995.3	3263.3	1900.7	-168.6	31.66
2002	291.4	84.9	190.7	15.9	1.76
2003	324.6	103.3	214.8	6.5	1.87
2004	1014.6	340.5	491.8	182.2	4.74
2005	714.1	244.6	380.6	89.0	3.19
2006	573.9	261.5	314.9	-2.4	2.39
2007	493.1	187.9	305.9	-0.8	1.73
2008	424.5	143.7	280.6	0.2	1.27
2009	365.0	120.2	243.6	1.1	1.05
2010	740.1	243.9	430.9	65.3	1.87
2011	983.5	368.7	539.9	74.9	2.13
2012	1605.9	480.1	832.6	293.3	3.17
2013	1457.4	374.4	798.4	284.6	2.66
2014	977.1	210.1	578.6	188.4	1.70
2015	974.4	197.5	560.9	215.9	1.63
2016	843.5	176.6	506.6	160.3	1.35

续表

年份	DWL（亿元）	DWL 的分解（亿元）			DWL 占农业增加值比重（%）
		关税导致损失	关税方差导致损失	协方差导致损失	
2017	846.5	188.1	517.8	140.6	1.31
2018	1041.4	243.4	626.1	171.9	1.54

（五）工业的贸易限制指数与福利无谓损失分析

依据国民经济行业（GB2002）与 HS1996 的 6 分位产品的对应关系，整理获得工业的贸易限制指数与其分解数据，结果见表 3-5。

表 3-5　中国工业的贸易限制指数及其分解（2001—2018 年）

年份	简单平均关税（%）	加权平均关税（%）	TRI（%）	TRI 的分解		
				加权平均关税平方	关税方差	协方差
2001	14.24	12.46	15.47	155.2	84.6	-0.5
2002	10.76	7.40	11.48	54.8	73.4	3.6
2003	9.75	6.24	9.79	38.9	56.8	0.2
2004	8.94	5.34	8.49	28.5	42.8	0.8
2005	8.51	4.69	7.52	22.0	33.6	1.0
2006	8.47	4.42	7.22	19.5	31.7	1.0
2007	8.41	4.22	6.69	17.8	25.7	1.2
2008	8.40	4.05	6.57	16.4	25.8	1.0
2009	8.31	4.14	6.70	17.2	26.9	0.8
2010	8.37	4.20	6.92	17.6	29.7	0.5
2011	8.44	4.16	7.07	17.3	32.1	0.7
2012	8.47	4.15	7.32	17.2	35.4	1.0
2013	8.44	4.02	7.18	16.2	34.6	0.8
2014	8.50	4.25	7.48	18.1	37.2	0.7
2015	8.58	4.06	7.45	16.5	37.3	1.8
2016	8.49	4.10	7.51	16.8	37.5	2.1
2017	8.32	4.17	7.16	17.4	32.4	1.5
2018	8.34	3.80	6.92	14.4	30.9	2.6

第三章 关税与贸易限制理论

中国成为 WTO 成员之后，工业品贸易限制指数（TRI）有非常显著的削减，2001 年 TRI 为 15.47%，2005 年降至 7.52%，之后年份都保持在 6.5%—7.5% 之间。比较工业品简单平均关税和 TRI 数值发现，自 2004 年起，工业品的 TRI 都小于简单平均关税，这点与农产品不同，后者在大多数年份表现为 TRI 较大，这表明工业品的贸易限制指数衡量的贸易保护程度低于根据税则计算的简单平均关税。工业部门的 TRI 大于进口加权的平均关税，2002 年工业的 TRI 为 11.48%，而同期的加权平均关税为 7.4%，两者相差幅度约为 4 个百分点，2018 年的 TRI 和加权平均关税分别为 6.92% 和 3.8%，两者相差 3 个百分点。通过对 TRI 与 TRI 分解项的数据比较发现，2001 年，如果忽略关税方差以及关税与进口需求弹性间的协方差，贸易限制程度将会被低估 24% 左右，2018 年则被低估 45.1%。这表明在对关税贸易限制程度的衡量中，关税方差和关税与进口需求弹性协方差发挥作用正在加强。纵观历年 TRI 分解数据，除 2001 年以外，决定 TRI 大小的最重要因素是关税方差，其次为加权平均关税，协方差发挥的作用很小。加入世界贸易组织后随着时间推移，加权平均关税的平方维持下降趋势，而关税方差则表现为先降后升趋势，2007 年和 2008 年达到低点，分别为 25.7 和 25.8，此后略有回升。

以工业增加值为依据，计算由进口关税壁垒导致的工业部门的福利无谓损失，结果见表 3-6。2001—2005 年，工业部门的 DWL 稳步下降，由 2001 年的 596 亿元降至 2005 年的 235.6 亿元，之后 DWL 数值基本保持上涨态势。根据 DWL 计算公式，加入 WTO 后工业品的关税削减对福利损失的影响超过工业增加值的增幅影响，DWL 逆势下降，2006 年起，工业品关税进入税率微调为主，因此，伴随工业增加值的快速增长，DWL 增长也是必然趋势。观察 DWL 占工业增加值比重，2001年为1.36%，连续三年下滑至2004年的0.39%，此后，该比重均维持在0.3%以下，这说明工业部门的关税政策造成的福利损失在后期保持相对稳定。DWL的分解数据显示，2000—2001年，关税是造成福利无谓损失的主要因素，其次是关税方差，2002年后，关税方差成为导致福利无谓损失的最主要原因，其次是关税，协方差作用一直相对较小。

表3-6 中国工业关税的福利无谓损失及分解数据（2001—2018年）

年份	DWL（亿元）	DWL的分解（亿元）			DWL占工业增加值比重（%）
		关税导致损失	关税方差导致损失	协方差导致损失	
2001	596.0	386.5	210.7	-1.2	1.36
2002	345.8	143.7	192.5	9.5	0.72
2003	288.5	116.9	170.9	0.7	0.52
2004	255.6	101.0	151.7	2.8	0.39
2005	235.6	91.6	140.0	4.0	0.30
2006	257.0	96.3	156.0	4.7	0.28
2007	263.3	104.7	151.4	7.1	0.24
2008	298.4	113.4	178.3	6.8	0.23
2009	325.0	124.2	194.6	6.2	0.24
2010	413.7	152.6	256.5	4.7	0.25
2011	510.4	176.6	327.1	6.7	0.26
2012	582.3	187.0	384.6	10.7	0.28
2013	595.5	187.1	399.3	9.0	0.27
2014	680.2	219.9	452.2	8.1	0.29
2015	683.8	202.6	458.7	22.4	0.29
2016	727.3	216.7	483.1	27.4	0.30
2017	752.5	255.4	474.8	22.3	0.27
2018	771.9	232.9	497.6	41.4	0.26

(六) 国民经济细分行业贸易限制指数分析

以国民经济整体和分农业、工业大类对贸易限制指数 (TRI) 给予分析，模糊了国民经济各细分行业的具体行业特征，因此，依据国民经济行业 (GB2002) 与 HS1996 的 6 分位产品的对应关系，进一步对国民经济行业的农林牧渔、采掘业以及制造业在内的所有行业的 TRI 进行分析。对行业关税数据考察发现，石油天然气开采、黑色和有色金属矿采选业进口关税设置基本为零，其他采矿业关税数据变化细微，因此，在分析数据时，不考虑以上 4 个行业，获得 35 个国民经济行业 (GB2002) 的 2001—2018 年的关税与贸易限制指数数据①。根据贸易限制指数计算公式，由于关税方差和关税与进口需求弹性的协方差的存在，贸易限制指数一般高于加权平均关税，因此，本节仅对 TRI 和由税则确定的简单平均关税进行比较。由于篇幅原因，表 3-7 仅包括 2001 年、2010 年和 2018 年的关税和贸易限制指数数据。

表 3-7　　　　中国国民经济行业的关税与贸易限制指数

产业名称 (GB2002)	2001 年		2010 年		2018 年	
	TRI (%)	简单平均关税 (%)	TRI (%)	简单平均关税 (%)	TRI (%)	简单平均关税 (%)
农业	95.55	22.03	19.3	13.61	16.97	13.65
林业	44.66	21.02	13.91	9.19	9.92	8.13
畜牧业	37.53	12.31	32.31	11.15	30.85	11.73
渔业	16.6	14.78	11.45	9.76	11.23	10.92
煤炭开采	4.41	4.17	4.35	4.1	4.24	4.1
非金属矿采选	4.15	3.48	3.86	3.31	3.43	3.37
农副食品加工	36.46	24.85	16.26	13.66	20.04	14.1

---

① 黑色金属矿采选业的进口关税设置为零，石油天然气开采和有色金属矿采选业除个别 HS6 分位产品外，绝大部分产品关税也为零。

续表

产业名称 （GB2002）	2001 年		2010 年		2018 年	
	TRI（%）	简单平均关税（%）	TRI（%）	简单平均关税（%）	TRI（%）	简单平均关税（%）
食品制造	29.85	23.63	12.96	13.98	14.43	14.74
饮料制造	23.75	38.89	11.66	15.88	17.09	16.56
烟草制品	34	34	10	10	10.63	17.5
纺织	23.43	21.07	10.27	10	11.03	10.12
服装鞋帽	23.18	23.95	17.31	16.39	19.61	16.69
皮革毛皮	11.9	16.23	9.11	12.15	9.94	11.8
木材	10.03	10.41	1.81	4.49	1.48	4.32
家具制造	22.22	21.27	4.31	4.1	4.84	3.33
造纸及纸制品	13.34	12.67	3.7	5.13	4.15	5.28
印刷和记录媒介	9.02	9.93	3.88	4.15	7.06	5.5
文教体育用品	22.58	17.86	13.83	15.11	12.87	16.25
石油加工炼焦	8.46	6.55	6.41	5.59	6.18	5.52
化学原料化学	13.26	10.1	7.19	6.7	6.9	6.63
医药	9.63	9.03	4.79	5.09	4.3	4.95
化学纤维	14.54	14.81	4.85	4.97	4.99	4.98
橡胶制品	15.44	12.81	9.53	9.86	13.15	10.73
塑料制品	16.09	15.76	7.39	7.94	6.56	7.61
非金属矿物	14.37	15.48	12.08	12.06	13.61	11.81
黑色金属冶炼	9.7	8.65	5.56	5.37	5.12	5.59
有色金属冶炼	9.52	6.55	3.58	4.91	2.35	4.75
金属制品	12.64	12.3	9.46	10.31	9.39	10.32
通用设备	14.4	13.51	7.77	8.28	7.48	7.91
专用设备	13.95	12.53	5.99	7.23	3.99	6.21
交通运输设备	23.11	22.1	16.66	10.08	16.4	11.33
电气机械	14.78	16.63	7.8	9.97	6.41	9.02
通信设备	11.77	14.21	2.91	5.26	1.91	3.17
仪器仪表办公	12.83	13.97	8.04	8.86	6.45	7.31
工艺品及其他	19.83	20.38	12.12	15.13	17.36	16.26

第三章 关税与贸易限制理论

2001年，国民经济各行业的贸易限制指数（TRI）分布较为分散，最高的为农业，高达95.55%，其次是林业产品44.66%，最低的行业是采掘业中的煤炭开采和非金属矿采选业，分别为4.41%和4.15%。其他产品中TRI大于30%有3个行业，分别为畜牧业（37.53%）、农副食品加工（36.46%）、烟草制品（34%）。TRI介于20%与30%之间的行业有7个，TRI由高到低依次为食品制造、饮料制造、纺织、服装鞋帽、交通运输设备、文教体育用品、家具制造。TRI在10%—20%之间的有16个行业，低于10%的行业有7个，这7个行业TRI由高到低排列为黑色金属冶炼、医药、有色金属冶炼、印刷和记录媒介、石油加工、煤矿开采和非金属矿采选。2010年，各行业的贸易限制指数均有显著下滑，降幅最大的行业为原TRI最高的农业，TRI下降至19.3%，降幅高达76.25%，第二大降幅发生在原TRI次高的林业，TRI降至13.91%，降幅也达到了30.75%。降幅超过10%的行业还包括烟草制品（24%）、农副食品加工（20.2%）、家具制造（17.91%）、食品制造（16.89%）、纺织产品（13.16%）和饮料制造（12.09%）。可以看出降幅较大的行业均为2001年TRI较高的行业，由此，2010年TRI的分布状况与中国加入WTO之初有明显改变。2010年TRI最高的行业是畜牧业（32.31%），其他所有行业的贸易限制指数均降到了20%以下。TRI介于15%—20%之间的行业有4个，分别为农业（19.3%）、服装鞋帽（17.31%）、交通运输设备（16.66%）和农副食品加工（16.26%）。TRI介于10%—15%之间的行业有9个，剩下21个行业的TRI小于10%，而2001年仅有7个行业的TRI小于10%。2010年TRI最低的两个行业不再集中于采掘业，而是制造业中的通信设备（2.91%）和木材（1.81%）。在2001年和2010年的TRI对比中，还有两个行业的变动较为突出，家具制造和纸制品加工行业，前者由 2001 年的第 12 位跌至 2010 年的第 29 位，后者则由第 22 位跌至第 32 位，属于变动最大的两个行业。家具生产和纸制品制造过程都需要大量木材资源投入，木材资源的大量开采不利于资源和环境保护，中国政府对这些产品降低贸易限制指数，促进进口以替换国内生产，反映其保护本国木材资源和环境的政策意图。

从 2010—2018 年间的变动情况分析，与前一段变动区别最大的特征是，各行业的 TRI 不再是统一式的削减，而是增减参半，进入行业调整阶段。农业和林业产品的 TRI 继续下调，而饮料制造、工艺品、农副食品加工、橡胶制品、服装鞋帽、印刷和记录媒介的 TRI 则经历了一定幅度的上调。畜牧业 TRI 最高地位由 2010 年保持到 2018 年，该年 TRI 还高达 30.85%，是国民经济中唯一保持在 30% 以上的行业。农副食品加工和服装鞋帽 TRI 位居畜牧业产品之后，分别为 19.79% 和 19.62%。TRI 介于 15%—20% 之间的行业还包括饮料制造（17.09%）、农业（16.97%）、交通运输设备（16.4%）和文教体育用品（12.87%）。介于 10%—15% 之间的行业有 6 个，剩下 21 个行业的贸易限制指数小于 10%。贸易限制指数最低的两个行业依旧是制造业中的通信设备（1.91%）和木材（1.48%）。

将基于一国税则计算的简单平均关税与更能反映行业受关税政策保护程度的 TRI 比较发现：第一，简单平均关税行业分布状况与 TRI 的分布状况基本一致，关税高的行业伴随相对高的 TRI，低关税也对应较低的 TRI。第二，TRI 衡量的保护水平并非都高于名义关税水平，2001 年，大部分行业的 TRI 高于相应的行业平均关税，但 2010 年和 2018 年，平均关税高于 TRI 的行业明显增多。2001 年，TRI 超过平均关税的行业中，农业 TRI 与平均关税相差最大，为

73.52%；其次是畜牧业和林业，差距分别为 25.22% 和 23.56%；再次是农副食品加工，差距为 11.61%，剩下行业的差距都小于 7%。2010 年，畜牧业的 TRI 超过关税幅度为 21.16%，其他行业的 TRI 高于关税的幅度都小于 7%，交通运输设备为 6.58%，顺次是农业和林业，差距分别为 5.69% 和 4.72%。2018 年，名义关税和贸易限制指数进一步调整，TRI 高于名义关税的前 5 的行业排名为畜牧业（19.12%）、农副食品加工（5.94%）、交通运输设备（5.07%）、农业（3.32%）和服装鞋帽（2.92%）。反观名义关税高于 TRI 的情况，2001 年共有 11 个行业属于此类，其中饮料制造的差距最大，平均关税为 38.89%，TRI 为 23.75%，两者差距为 15.14%；其次是皮革毛皮，差距为 4.33%。2010 年有 19 个行业的名义关税高于 TRI，其中最高的两个行业依旧是饮料制造（4.22%）和皮革毛皮（3.04%）。2018 年名义关税更高的行业数目为 16 个，这反映了 2010—2018 年间关税政策调整更多表现为基于产业发展战略的微调。

五、结论及政策建议

（一）主要结论

本书利用联合国和 WTO 数据库中的 2001—2018 年中国 HS6 分位产品的进口贸易数据与关税数据，采用吉等（Kee et al., 2008）的函数法估算中国的进口需求弹性，并利用产品进口需求弹性测算了中国关税的贸易限制指数和由进口关税壁垒带来的福利无谓损失，研究结论如下：

第一，测算结果显示，整体经济而言，贸易限制指数（TRI）由 2001 年为 20.72% 降至 2018 年的 7.59%，农业和工业的 TRI 则由 2001 年的 73.81% 和 15.47%，降至 2018 年的 16.96% 和 6.92%，降幅分别为 56.85% 和 8.55%，

2001—2018年间以TRI衡量的贸易保护程度在显著下降，中国对外开放贸易自由度在大幅提升，同时也显示农业部分的TRI高于工业部门。与基于关税税则计算的简单平均关税相比，自2005年起，大部分年份整体经济的TRI都低于简单平均关税，税则确定的税率并没有低估目前中国关税政策的实际限制程度，但两者对比关系呈现行业差别化特征，农业部门的TRI在所有年份都高于简单平均关税，而工业品的TRI则大多低于简单平均关税。

第二，根据贸易限制指数（TRI）的分解数据，如果忽略关税方差以及关税与进口需求弹性间的协方差，贸易限制指数将会被低估50%左右。TRI三项构成中，关税方差是TRI最重要的组成部分，其次是加权平均关税的平方项，协方差的影响相对较小。2001年关税与进口需求弹性的协方差为负数，表明加入世界贸易组织之初中国的关税设置存在对进口需求缺乏弹性的产品征收高关税的趋势，而加入世界贸易组织后该特征基本消失。

第三，关税削减大幅降低了关税政策的福利无谓损失（DWL），2001年关税给整体经济带来福利无谓损失达2694.4亿元人民币，占GDP的2.43%，关税削减促使福利无谓损失于2005年降至最低点738.6亿元人民币，占GDP比重为0.39%，2018年福利无谓损失为2775亿元人民币，降至GDP的0.31%。分行业数据显示同样的变化规律，加入世界贸易组织后关税给农业和工业带来的福利无谓损失占各自增加值比重保持下降趋势，此外，由于工业增加值在GDP中所占比重远大于农业，因此，尽管农业的福利无谓损失削减幅度远超过工业，但整体经济数据更接近于工业。福利无谓损失分解数据显示，关税方差造成的福利无谓损失最大，其次是关税，由关税与进口需求弹性间的协方差导致的福利成本最小。

第三章　关税与贸易限制理论

第四，2008年国际金融危机掀起了"逆全球化"的浪潮，刺激了发达经济体贸易保护主义的抬头。区别于以往研究中往往得出，2008年中国采取了相应的措施应对国际金融危机的影响、贸易限制指数有所增加的结论，本书发现，不论是贸易限制指数（TRI）、贸易额加权平均关税，还是关税的福利无谓损失（DWL）占GDP比重，在2008年、2009年均处于历史较低点，中国并没有立即做出保护性或资源配置扭曲性关税政策的调整。数据显示，2011年之后，为应对贸易伙伴国限制性措施的层层加码，中国才出台关税反制措施，但其政策调整力度较小，且执行期较短，2014年后TRI、DWL占GDP比重又转为下降趋势。由此，加入世界贸易组织后中国的关税政策，不论是依据平均关税、还是TRI判断，总趋势呈现贸易自由化程度不断加深，贸易限制程度日益弱化特征，关税导致的福利无谓损失在GDP中所占比重也越来越低，关税政策的经济效率提高，中国在坚定不移地执行改革开放政策，贯彻全球自由贸易框架下的国民经济发展思路，致力于在全球合理分工下，获取有效资源配置，最大限度地促进经济和技术发展速度的提高。

第五，加入世界贸易组织后国民经济各行业TRI的调整体现了中国产业发展战略，农林产品、烟草、食品和纺织品等消费类产品的TRI削减幅度较大，有利于增加消费者福利水平，促进其消费升级。同时，专业设备和通信设备等高技术产品的TRI削减显著，有助于促进能够提升国内供给体系质量的工业品进口。此外，家具制造和纸制品行业的TRI调整为较低水平，这两类产品制造过程都需要大量木材资源投入，中国政府降低这些产品的TRI，旨在促进进口，替换国内生产，反映其保护本国木材资源和环境的政策意图。

（二）政策建议

基于本书的结论，中国有必要实施多元化战略和全方位对外开放，积极应对全球贸易保护主义抬头和"逆全球化"趋势。由美国、欧盟等发达经济体发起和主导的"逆全球化"趋势严重阻碍贸易自由化进程，尤其是2008年国际金融危机后发达经济体的贸易保护程度上升，经济全球化遭遇逆流，中国绝不能被逆风和回头浪所阻，要站在历史正确的一边，坚定不移扩大对外开放，积极实施"一带一路"倡议，促进资金、技术、人才、管理等生产要素与发展中国家以及西方发达国家的交融合作。继续降低关税，建设更多消费特区把更多的消费留在国内市场，建设更多类似海南免税区的消费特区以满足人民对于高端消费品的需求。抓紧布局战略性新兴产业、未来产业，提升产业高级化、产业链现代化水平。通过深化供给侧结构性改革、挖掘国内巨大消费潜力、提高经济供给质量，从而形成以国内经济循环为主，国内国际经济相互促进的新发展格局。

第四章

关税与有效保护理论

名义关税率是指对某一产品征收的税率,它将提高同类产品的国内销售价格,一方面保护了同类产品的国内生产者,为其带来超额收益;另一方面,却加重以该进口产品为中间投入品的其他产品生产者的负担。利用名义关税率衡量关税保护程度,其前提条件是,消费者和生产者面临的价格具有相同的效应,这种分析以单一阶段生产过程的假设为前提。事实上,大多数生产过程是由多个生产阶段组成,且大多数产品的生产,必须投入中间产品,其中许多中间投入品来自进口。在这种情况下,给定的名义关税对生产者和消费者形成的价格就具有不同的效应。因此,名义税率并不能正确反应一国的关税和非关税壁垒的实际保护程度。进口竞争产品所受到的保护程度不仅与名义税率有关,还与关税的结构有关。现代有效保护理论认为,一种产品的实际保护程度由该产品的名义关税水平和其生产所需中间投入品的关税水平共同决定,因而名义保护率和实际保护率之间存在巨大的差异。关税的有效保护率(Effective Rate of Protection,ERP)充分考虑了对投入品所征关税导致的保护水平的变化，准确衡量了一国整套关税结构对本国某产业的实际保护程度。由此，有效保护率是更为适宜的关税保护分析工具。

本章首先介绍关税有效保护理论和有效保护率的概念，第二节介绍国内外目前对关税有效保护理论的相关研究文献，最后是本章的主要内容——中国关税有效保护率的实证研究。在实证分析中，选取中国成为WTO成员之后的制造业面板数据，统计测算制造业各行业关税有效保护率，分析中国关税保护水平和结构的变化特征，探讨关税有效保护结构是否合理，是否与中国产业发展战略相协调，是否与中国产业竞争优势的动态变动相一致等问题，以期为中国关税调整提供具有参考价值的事实依据。

第一节

关税的有效保护理论

在现实中，产业与产业之间有着关联性，一个产业的最终产品可能是另一个产业的上游产品，如果把着眼点转移到生产过程的多元阶段和各个环节，那么产业的关联性要求我们不能只看到一个产业的关税优化问题，还要联系到与之相关的行业。传统的关税概念将关税表述为对从国外进口的同类产品征收较高的名义税率，造成国内价格高于国际价格，通过价格差来引导消费，从而对一个产业保护。然而，名义保护率反映了对最终产品国内生产者的保护程度，并不能够反映进口竞争产品所受到的实际保护程度。关税的有效保护率（ERP），也称实际保护率，是在某种产品生产过程中对其增加值提供的一种保护,被定义为征收关税后单位产品附加价值的增加率。实际资源配置不仅取决于对产品本身的名义保护,还取决于对中间投入品的保护程度以及投入产出系数的影响,而关税的有效保护率(ERP)综合了这三方面的影响因素,显示了以国内价格和国外价格计算的增加值的差别程度,因此能够比名义关税率更好地衡量促进或遏制某种经济活动的有效性,是政治经济模型中最能反映贸易扭曲程度的度量指标。众多经济学家认为,有效保护率是研究在多边贸易体制给定的名义关税率约束下,如何用最小保护成本,提高关税有效保护程度,优化关税有效保护结构等问题时最合适的分析工具和最优的度量指标。

假定某最终产品 j 的生产需要 i 种中间投入品,单位产品 j 的增加值可表示为 $V_j = p_j - \sum_i a_{ij} p_i$,其中 p_j 和 p_i 分别表示为国内最终产品和中间投入品价格,a_{ij} 为自由贸易条件下,中间投入品 i 在产品 j 产出值中所占比重,即投入产出系数。根据科登(Corden,1966)、麦尔(Mayer,1971)的定义,有效保护率衡量征收关税前后产品增加值变化率,公式表示为:

$$ERP_j = \frac{V_j - V_j^*}{V_j^*}$$

$$= \frac{(P_j - \sum_i P_i a_{ij}) - (P_j^* - \sum_i P_i^* a_{ij})}{P_j^* - \sum_i P_i^* a_{ij}}$$

$$= \frac{[(1 + t_j) - \sum_i a_{ij}(1 + t_i)] - (1 - \sum_i a_{ij})}{1 - \sum_i a_{ij}}$$

$$= \frac{t_j - \sum_i a_{ij} t_i}{1 - \sum_i a_{ij}} \qquad (4.1)$$

式 (4.1) 中，ERP_j 为部门 j 的有效保护率；V_j^* 和 V_j 分别为自由贸易和征收关税后的产品增加值；P_i 代表国内生产者面对的商品 i 的国内价格，即 $P_i^*(1+t_i)$，P_i^* 为商品 i 的国际市场价格；t_j 和 t_i 分别为最终产品 j 和中间投入品 i 的名义关税税率。

根据表达式 (4.1)，有效保护率的数值大小由最终产品的关税，中间投入品关税以及要素投入系数共同决定。在其他条件保持不变前提下，最终产品的关税提高，中间投入品名义关税的降低，都将提高最终产品所享有的有效保护水平。中间投入品要素投入系数 a_{ij} 增加，将加大该中间产品 i 对最终产品 j 有效保护率的影响力度。将上述含义进一步概括如下：

如果 $t_j = t_i$，则有 $ERP_j = t_j = t_i$

如果 $t_j > t_i$，则有 $ERP_j > t_j > t_i$

如果 $t_j < t_i$，则有 $ERP_j < t_j < t_i$

如果 $t_j < t_i a_{ij}$，则有 $ERP_j < 0$

在实证分析关税有效保护率时，一般结合名义关税率对比研究。如果有效保护率高于名义关税率，该产品获得有效保护，产品名义关税随加工深度而提高。如果有效保护率低于名义关税，但依旧为正值，该产品获得有效保护，不过最终产品名义关税将低于部分中间投入品，因此，名义关税设置并未完全符合关税升级原理。如果有效保护率为负，这表明中间产品关税过高，不仅消除了最终产品关税的影响，还抵消了产品增加值，即最终产品和中间投入品价差的作用，导致最终产品的负保护水平。

在应用有效保护概念分析一国关税结构是否合理，是否与该国经济发展阶段与资源禀赋相协调时，通常需要考虑以下三点：

首先，关税设置一般以符合关税升级原理为依据，即产品名义关税税率与其加工深度正向联系，形成越低加工阶段的产品适用税率越低，越高加工阶段的产品税率越高的阶梯型税制，由此，为所有产品提供正的有效保护。

其次，对资源紧缺型，环境污染型，关系国计民生型产品的关税需谨慎，对国家需要限制生产的产品，可以通过降低关税有效保护率来实现政策目标。

最后，尽量避免负的有效保护率。负的保护水平意味着原料的名义关税高于产品的名义关税，利用进口原料生产最终产品不如直接进口最终品，表明整个关税结构对该产业起损害作用，理论上将导致国内停止该最终产品的生产。同时，如果为中间产品提供的高关税促进国内这些产业的繁荣，而增产的商品无法实现销售的话，也必将对整个国民生产体系产生不利影响。

在实际度量 ERP 指标时，由于关税征收后投入品的相对价格必然区别于征收关税前的数值，进而导致中间投入品在最终产品生产过程中实际投入情况发生变化，因此，需要将 a_{ij} 修正为关税调整后的实际投入产出系数 a'_{ij}。根据

$$a'_{ij} = a_{ij} \frac{1 + t_j}{1 + t_i}$$

修正后的 ERP 计算公式为：

$$ERP_j = \frac{1 - \sum_i a'_{ij}}{\frac{1}{1 + t_j} - \sum_i \frac{a'_{ij}}{1 + t_i}} - 1 \tag{4.2}$$

第二节

关税有效保护理论的研究文献

一、国外关税有效保护的研究文献

在关税有效保护理论和保护率的研究领域,巴勃(Barber,1955)首次运用有效保护率概念分析了加拿大的关税政策。科登(Corden,1966)基于里昂惕夫生产技术,即要素投入比例不变和贸易小国的假设,从理论上对关税有效保护理论和保护率进行了系统的阐述,将有效保护率定义为对某种产品生产增加值提供的一种保护率,即某一产品相对于自由贸易下单位增加值提高的比率。利思(Leith,1968)采用常替代弹性(CES)生产函数考察了放松要素间替代弹性为零等假设对有效保护率计算的影响,指出有效保护率对这些假设较为敏感。芬格(Finger,1969)认为相较于名义税率而言,有效保护率更能准确衡量一国关税结构对行业的实际保护程度,但投入产出系数固定不变的假设,忽视投入品价格波动引发投入要素间的相互替代,则在一定程度上损害了有效保护率的应用价值。基于巴拉萨(Balassa,1965)在计算中使用关税征收前的投入产出系数,和巴斯维(Basevi,1966)使用关税征收后投入产出系数的研究比较,芬格(Finger,1969)认为前者的方法将低估有效保护率,后者则高估有效保护率。安德森(Anderson,1970)认为,基于一般均衡模型计算的ERP更具有政策含义。针对ERP

第四章 关税与有效保护理论

标准计算中国内产品和进口品为完全替代品的假设，德瓦拉詹和苏桑甘（Devarajan & Sussangkarn，1992）允许两类产品的不完全替代，使用包括54个部门的一般均衡模型，计算泰国1984年的ERP，并与标准方法的ERP进行比较，结果显示两种方法得出的ERP不仅在数值大小、产品排序，甚至正负符号上都存在的差别。

阿奇博德（Archibaldet，2000）利用ERP研究美国20世纪Fordney—McCumber和Smoot—Hawley关税法案，发现部分行业是税改的受益者，由于中间投入品关税的增加，汽车行业成为两次税改的最大受损者。爱德华兹（Edwards，2005）对20世纪80年代起的南美贸易开放过程进行研究，发现在简化关税结构和降低税率方面取得巨大进步，政策进一步调整的重点包括削减关税峰值，降低关税离散程度等，该研究还发现，名义保护率、有效保护率及其变化率对关税数据和投入产出表数据的选择较为敏感，但部门保护结构则较为稳健。格林纳韦（Greenaway，2009）使用1979年投入产出表测算英国99个行业的关税有效保护率，并将其与1972年水平相比较，发现关税升级是普遍现象，并且负的有效保护广泛存在；除农业部门之外，其他行业的关税有效保护率下降趋势明显。马克斯和拉赫德贾（Marks & Rahardja，2012）计算2008年印度尼西亚的名义和有效保护率，强调关税保护程度由于地区互惠贸易协定而大大削减，本国出口企业获得的针对进口投入品的关税退税和减免在一定程度上提高了这些企业的有效保护程度。

马克斯（Marks，2017）研究2011年以来印度尼西亚的关税和非关税壁垒，在考虑最惠国关税、互惠税率，反倾销和反补贴税等一系列贸易限制措施后，对约140个贸易产品的有效保护率进行估算，发现2015年的有效保护率在数值和离散程度上，均高于2008年的相应水平。容瓦尼查和科帕伊布恩（Jongwanich & Kohpaiboon，2020）测算泰国关税有效保护率，并将其引入对企业生产率影响的研究中，其实证结果表明，在诸多衡量贸易保护政策的指标中，有效保护率对企业生产率的影响程度最大。乌尔哈克和西迪基（Ul-Haque & Siddiqui，2021）发现2002年巴基斯坦的名义关税和有效保护率相较于1990年而言下降显著，且制造业进口竞争性行业享受高保护，农业和服务部门则显示负的有效保护率，这说明政府制定贸易政策时，优先考虑制造业部门，其次才是农业和服务业部门。制造业部门的有效保护率与劳动密集度、出口导向、显示比较优势等行业特征变量负相关，劳动密集度高、出口导向性强、显示比较优势明显的行业，可以减少对其的关税保护。

二、中国关税有效保护的研究文献

关税有效保护率被解释为与单一关税相比，产品差异化的关税对部门剩余生产要素抽取租金的工具。作为关税政策分析的有力工具，关税有效保护在实证研究中往往被运用于对中国关税有效保护率的测度、关税改革及其效应等的分析研究中。

深佐久和勒孔特（Fukasaku & Lecomte，1996）认为，贸易政策的改革是中国经济向市场经济转轨的一个重要特征。一方面，贸易自由化和出口活动的地方分权促进了出口；另一方面，中国进口体制的改革进展缓慢，长期持续的高的名义保护关税率与大量的关税减免的结合创造了一个二重体制：出口导向型的厂商喜爱进口的自由贸易，然而内向性的厂商仍然受到高度保护从而避免了国际竞争，这就造成了资源配置的持续不合理。通过测算1987年和1993年的中国名义关税率、有效保护率和非关税壁垒的频数比，该文揭

第四章 关税与有效保护理论

示了在中国关税的保护结构上,最终消费品的关税比中间产品和原材料的关税率要高,所以,最终消费品的 ERP 比名义关税率高。张曙光等(1997)运用可计算的局部均衡模型,对中国多部门(产品)的贸易保护代价进行了更为详细的实证分析,并将考察的影响扩展到价格和数量变动等其他变量。盛斌(1998)研究了中国汽车产业的产业和关税政策,分析了政府、整车生产厂商、零部件生产厂商以及消费者之间的资源配置与福利效果的变化。金祥荣和林承亮(1999)采用1995年投入产出表数据对中国1987年、1992年12月后、1993年12月后、1996年4月后、1997年10月后五次名义关税调整后的有效保护率进行了测算,认为有效保护的部分结构性问题已经消除,但有效保护结构调整与比较优势的动态变化还不十分适应,提出使用中间投入当地要求等数量保护措施,降低中间投入的名义关税率,提高技术密集型产品的有效保护率等政策建议。

冯宗宪和段英(2000)提出了影响关税对产业保护水平的因素,应用 GATT 的三个关税减让方程式,测算了关税的名义保护率和相应的有效保护率。周申和杨传伟(2006)使用1997年投入产出表对中国2004年有效保护率进行了测算,将2004年数据与金祥荣和林承亮(1999)结果对比,分析认为相较于1997年关税,2004年关税保护结构变化不大,进一步考察认为有效保护率对要素替代弹性的选择不敏感。李聆佳(2008)认为,关税有效保护呈现随生产阶段加深而逐渐升高的阶梯型分布,满足关税升级理论的结论是众多研究的共识,但就有效保护的产业政策效应等结论则各有侧重,比较优势的动态变化和产业结构调整的方向还存在不相适应的地方。温宇静和赵宏(2011)研究认为,2010年中国农业,采掘业和制造业19个产业关税有效保护结构数据显示有效保护率极值区间缩小,关税结构变化与产业动态比较优势变动相一致。

鞠卉圆和宋良荣（2016）认为，中国的名义关税税率已经趋于合理，关税的总体有效保护程度并不是很高，而关税的有效保护方面还存在需要改进的地方。中国可贸易部门中，存在一些关税有效保护率比较低甚至为负值的部门，对其是否需要进一步提高关税保护程度，需要做进一步的分析和探讨。陈等（Chen et al., 2017）放松有效保护率测算过程中的一些假设条件，如单阶段生产过程和小国假设，考虑多阶段生产保护和允许技术矩阵的时序波动，即考虑年度投入产出矩阵，而非将固定年份的投入产出表应用于整个研究时期数据，据此，他们测算了中国 1992—2010 年的有效保护率，发现其数值小于以往研究中的结果，且在部分行业出现负值。段玉婉等（2018）的研究强调，在全球价值链不断深入的背景下，一国产品的生产过程被分割为分布于不同国家的不同生产阶段，导致中间产品在国家间多次跨越边境，进而使关税等贸易成本也沿产品的生产链条不断叠加和放大。关税一方面保护了进口产品的国内生产厂商；另一方面上游行业关税上升又将提高国内下游生产厂商的生产成本。为此，该研究提出在全球价值链背景下关税有效保护率（ERP）的一个崭新的测度方法，并利用世界投入产出表与双边关税数据测算了 1996—2011 年 64 个国家和地区 33 个行业的关税有效保护率，研究发现：与发展中国家相比，发达国家关税有效保护率较低；自 1996 年以来，世界大部分国家或地区的关税有效保护率都有所下降；从行业水平看，在现有关税水平下，货物行业均受到不同程度的保护，而服务行业未得到保护反而受损。最后，该文还测算了特朗普关税政策对关税有效保护率的影响，结果发现美国加征关税对美国国内产业的有效保护程度作用有限。宋旭光和张丽霞（2019）结合投入产出模型，提出全球价值链视角下关税有效保护率的改进测度方法，利用 OECD 公布的 1996—2011年国家间投入产出表和 WITS - TRAINS 网站公布的 HS4 位编码的国家间双边关税税率和贸易数据，测算全球 64 个国家制造业的关税有效保护率。在此基础上，基于中美两轮加征关税的数据模拟了关税上升对中美以及世界其他国家制造业的影响，研究发现：从全球来看，大多数国家的关税有效保护率均有所下降，中美之间的差距在不断缩小；美国加征关税不能达到对其国内制造业保护的目的，甚至会损害部分行业的发展，其加征关税对中国制造业的影响也十分有限。因此，共同维护自由贸易体系，加强中美双方经贸合作，才是实现共赢的唯一正确选择。

谢锐等（2020）同样基于全球多区域投入产出框架，通过构建新的有效保护率测度方法，整理双边产业关税数据库，揭示了中国关税有效保护率的新发展趋势，并就中美贸易摩擦及其可能的应对情景进行了模拟分析。研究表明：2000—2014 年，中国的总体有效保护率从 22.25% 下降至 12.56%，中国国内生产者面临的国际竞争正日益增强。产业的有效保护率水平与产业增加值占 GDP 比重变化呈正相关关系，关税的资源配置效应明显，但有效保护率的产业间差异呈缩小趋势，借助关税政策引导产业间资源配置的政策空间在缩窄。中美贸易摩擦会提升中国化学原料及其制品业的有效保护率，为供给侧改革带来不利影响，同时也会降低具有劳动密集型特征的纺织品、服装和皮革制品业的有效保护率，从而对就业造成冲击。中国不论加入全面与进步跨太平洋伙伴关系协定（CPTPP）还是区域全面经济伙伴关系协定（RECP），均可以一定程度上平抑中美贸易摩擦在一些产业引起的有效保护率变化，有助于缓解中美贸易摩擦的负面影响。徐赟（2021）通过对中国加入 WTO 以来制造业关税与有效保护率的测算分析，展示了制造业关税设置符合关税升级原理，体现关税随加工阶段加深而逐渐升高的梯形分布。中、高有效保护的产品为处于生产链条较高端的制造业资本品和消费品部门，中间投入品适用较低关税保护，表明政府旨在鼓励中间产品的进口，促进其他相关部门的发展。此外，关税保护结构的顺比较优势特征逐渐淡化，制造业产业优势动态发展与关税有效保护水平的变化相一致。王志刚和张帅（2022）认为，加入世界贸易组织以来，中国全面履行关税减让承诺，在世贸组织规则范围内，科学、自主地调整关税税率、税目和专项税收优惠政策，有效地发挥关税的宏观调控职能，并积累了丰富的关税调整经验。但是，关税结构仍然存在一些问题，作为大国财政的重要政策工具，未来关税政策调整应该基于更加宏观的视角，不但要考虑经济因素，还要注意政治、社会、文化以及制度等非经济因素，并进一步关注产业发展特点和绿色发展目标等，平衡好国内产业保护与高质量发展的关系。

第三节　中国关税有效保护的实证研究

作为关税政策的衍生工具，关税有效保护率考虑产业关联性，将生产技术和关税结构纳入计算范围，重视纳税商品在生产链条中的地位和作用，更能准确衡量行业所承受的实际贸易保护程度，也能更清晰地反映行业特征和国家相应产业政策的经济效应。关税有效保护作为关税政策分析的有力工具，在实证研究中往往被选用对中国关税改革及其政策效应给予分析。本节以关税有效保护率为切入点，选取

2001—2014年中国成为WTO成员之后14年的制造业面板数据,统计测算制造业各行业名义关税率与关税有效保护率,分析中国关税保护水平和结构的变化特征,探讨关税有效保护结构是否合理,是否与现阶段中国产业发展战略相协调,是否与中国产业竞争优势的动态变动相一致等问题,以期为中国关税调整提供具有参考价值的事实依据。

一、数据来源

本节依据中国国民经济行业分类（GB2002）对工业产品的划分标准,对进口商品根据海关协调制度四位数税号（HS4）归属至各工业部门[①]。以世界贸易组织（WTO）数据库中中国为WTO成员提供的最惠国（MNF）税率为基础,计算出制造业28个分行业2001—2014年的关税有效保护率[②]。修正后ERP计算式（2）中的a'_{ij}为中国历年投入产出表中列举的制造业直接消耗系数矩阵,以国家统计局公布的2002年122部门,2007年135部门和2012年139部门的中国投入产出基本流量表数据归类整理计算得出,并以此为基础,构建其他年份的相应投入产出系数数据[③]。需要强调的是,2012年投入产出表是基于2011年国民经济行业划分标准而制定的,与2002年国民经济行业分类标准相比,部分行业分类存在调整、合并或拆分情况,为了保证研究样本期间行业划分的一致性,依据中国国民经济行业分类

[①] 进口产品归类借鉴了盛斌（2002）对进口商品依据海关协调制度四位数税号（HS4）归属贸易部门的实际做法。

[②] 由于工艺品及其他制造业所含产品种类较为繁杂,且工业统计年鉴中部分年份数据缺失,所以未统计该行业数据,制造业细分行业共28个。

[③] 由于只有2002年、2007和2012年投入产出表数据,其他年份的投入产出表根据这三年数据简单加权平均得出。

（GB2002）标准，对 2012 年投入产出表数据进行调整①。

二、中国制造业关税有效保护率的实证分析

（一）名义关税与有效保护率总体水平

图 4-1 显示自加入世界贸易组织以来，中国制造业关税和有效保护率总体水平及其变动情况。图形展示了制造业关税调整的两个重要特征：不断削减的关税和有效保护率，以及始终高于名义关税的有效保护率。入世后，中国切实履行入世关税削减承诺，制造业产品名义关税显著下降，与此同时，尽管产业结构不断调整，生产技术不断改进，产业的实际保护程度与名义保护率同向变动。具体而言，名义关税和有效保护率都经历了 2001—2005 年大幅下调期和 2006 年之后的平稳调整期，中国制造业平均关税由 2001 年的 18.3% 降至 2005 年 10.98%，降幅达 40% 左右，同期有效保护率也随之下调，由 23.9% 降至 14.3%，降幅大致与名义关税持平，之后两者均维持在一定水平内平稳波动。在整个样本期间，制造业行业平均而言所享有的有效保护程度高于名义关税水平。

---

① 具体调整过程如下：以 2012 年投入产出表的 135 行业的基本流量表为基础，由于投入产出表格的细分数据受限，制鞋业无法做细微调整。根据 2011 版国民经济行业分类，皮革、毛皮、羽毛及其制品和制鞋业（19）中包括制鞋业，具体产品为纺织面料鞋制造、皮鞋制造、塑料鞋制造、橡胶鞋制造和其他制鞋业，根据数据分析发现主要组成部分为皮鞋制品，而皮鞋制品在 2002 年国民经济行业分类中包括在皮革、毛皮、羽毛及其制品（19—1921），因此，不对制鞋业进行不同材质鞋的调整，制鞋业数据保留在行业（19）中。工艺品无分项数据，文教、工美、体育和娱乐用品，与其他制造业数据无法调整。文化、办公用品机械有分项流量数据，将其从通用设备制造业调整至仪器仪表及文化、办公用机械制造业中。橡胶制品和塑料制品有分项数据，汽车制造业，与铁路、船舶、航空航天和其他运输设备制造业合并成交通运输设备制造业。

第四章　关税与有效保护理论

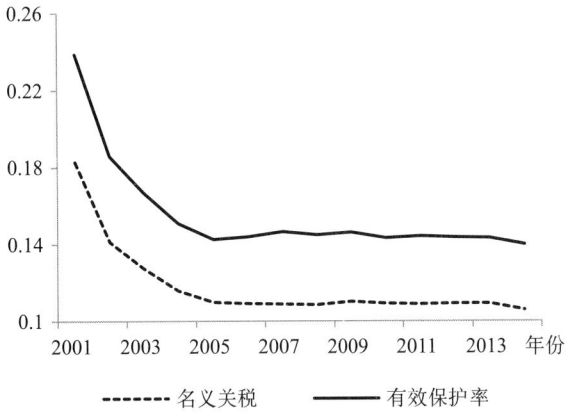

图 4-1　中国制造业名义关税与有效保护率（2001—2014 年）

从经济效率角度分析，关税作为价格附加将改变产品或要素的国内市场价格，价格调整将在一定程度上扭曲社会资源配置和导致社会福利损失。关税福利理论强调，有效保护结构是影响关税保护福利损失的重要因素，缩小产业间有效保护率的差异可以降低保护成本。图 4-2 显示名义关税和有效保护率的极差和变异系数，可以看出，衡量离散程度的极差和变异系数并没有呈现与关税和有效保护水平相一致的下降趋势。就极差而言，尽管 2001—2004 年关税和有效保护的极差在持续下降，与两者绝对水平的变动趋势相同，但自 2005 年起两者极差有所回调，尤其是有效保护率的极差一直保持上涨趋势至 2009 年，之后缓慢下调，但仍然高于 2004 年最低水平。关税和有效保护的变异系数则保持上涨态势，说明中国在降低关税和有效保护水平的同时，并未能逐步缩小制造业各产业关税保护的离散程度。中国制造业有效保护率的变异系数在 2005 年之后始终保持在 0.8 以上。目前中国关税保护的福利成本依旧不容小觑，政府在设置关税结构时，首先考虑产业发展政策，环境和资源保护等因素，其次才是对效率和福利损失的考量。

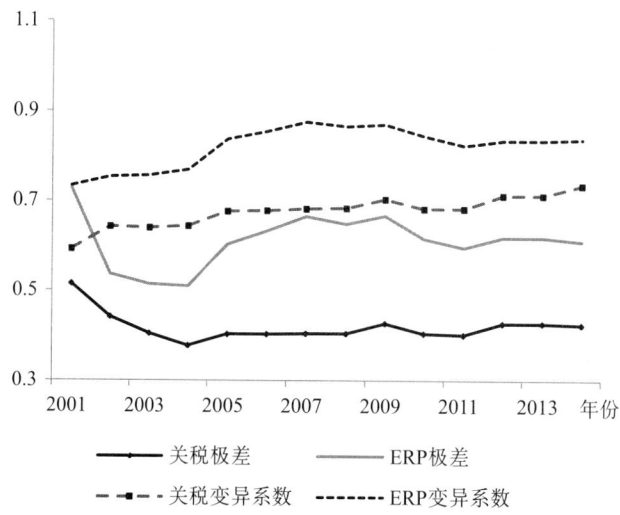

图 4-2 中国制造业名义关税与 ERP 的极差与变异系数（2001—2014 年）

（二）制造业消费品、中间投入品和资本品比较

按产业链条的延伸，将制造业分为制造业中间投入品、制造业资本品和制造业消费品三大类。以公式（4.2）计算出的制造业各行业的有效保护水平为基础，将数据统计为各类产品的相应指标，结果见表4-1。表4-1数据显示三个重要结论：

表 4-1 中国制造业分类部门平均名义关税率与有效保护率（2001—2014 年）

年份	制造业消费品		制造业中间投入品		制造业资本品	
	名义关税率（%）	有效保护率（%）	名义关税率（%）	有效保护率（%）	名义关税率（%）	有效保护率（%）
2001	26.92	36.75	12.12	15.07	16.56	21.09
2002	21.39	29.20	9.29	11.76	11.71	14.55
2003	18.91	25.80	8.50	10.62	10.70	13.30
2004	16.70	22.49	7.89	9.78	9.99	12.52
2005	15.65	20.90	7.58	9.32	9.62	12.11

续表

年份	制造业消费品		制造业中间投入品		制造业资本品	
	名义关税率（%）	有效保护率（%）	名义关税率（%）	有效保护率（%）	名义关税率（%）	有效保护率（%）
2006	15.58	21.20	7.57	9.42	9.49	12.03
2007	15.53	21.65	7.52	9.47	9.41	12.35
2008	15.52	21.26	7.50	9.41	9.37	12.24
2009	15.84	21.44	7.55	9.48	9.56	12.41
2010	15.58	20.68	7.48	9.26	9.52	12.57
2011	15.58	20.56	7.47	9.55	9.45	12.49
2012	15.71	20.19	7.42	9.13	9.49	13.68
2013	15.71	20.17	7.41	9.10	9.48	13.64
2014	15.29	19.61	7.10	9.26	9.21	12.58

注：制造业消费品包括食品加工、食品制造、饮料、烟草、纺织、纺织服装、皮革毛皮羽毛、木材加工、家具制造、文教体育用品，制造业中间投入品包括造纸及纸制品、印刷业、石油加工冶炼、化学原料、医药制造、化学纤维、橡胶、塑料、非金属矿物制品、黑色金属冶炼、有色金属冶炼、金属制品，制造业资本品包括通用设备、专用设备、交通运输设备、电气机械及器材、电子通信设备、仪器仪表文化办公用机械。对制造业各分类产品的名义关税率与有效保护率算术平均获得表格数据。

第一，2001—2014年，中国制造业产品以消费品、中间投入品和资本品划分，有效保护率均高于名义关税率，说明这些产品所享有的实际保护程度超过国家所提供的名义关税。

第二，关税结构符合关税升级原理。不论是中国加入世界贸易组织之初的2001年，完成加入世界贸易组织关税削减承诺的2010年，还是经历后续关税调整的2014年，制造业的名义关税从低到高依次为中间投入品、资本品和消费品。名义关税保护体现出随加工阶段加深而逐渐升高的梯形分布，这一名义保护导致有效保护水平呈现相同的行业分布特征，中、高有效保护的产品为处于生产链条较高端的制造业资本品和消费品部门。中间投入品不论名义关税还是关税有效保护均处于较低水平，较低的关税保护说明，政府旨在鼓励中间产品的进口，降低其他部门的生产成本，提高其经济效益。由此，制造业产品名义关税和有效保护率呈现伴随产业链延伸，加工阶段加深而提高的特征，这样的名义和有效关税保护结构符合关税升级原理。

第三，分产品类别比较，这三类产品关税有效保护差距在缩小。制造业消费品的名义关税由 2001 年的 26.92% 降至 2014 年的 15.29%，降幅达 11.63%，同期的有效保护率降幅为 17.14%，有效保护率的降幅大于名义关税的下降。制造业资本品和中间产品的名义关税降幅分别为 7.35% 和 5.02%，有效保护率降幅分别为 8.51% 和 5.81%。不论是名义关税还是关税有效保护水平，消费品降幅最大，资本品其次，中间产品最小，这三类产品所享有的保护水平差距在缩小。但降幅的参差不齐并没有改变中国一直以来名义关税与关税有效保护随产业升级而增加的特征。

（三）制造业细分行业分析

表 4-2 中列出了中国加入 WTO 的 2001 年、关税总水平首次下降到 10% 以下的 2005 年、加入世界贸易组织关税削减承诺完全履行的 2010 年以及关税进入调整阶段的 2014 年名义关税与有效保护率的制造业细分行业具体数据。本节重点分析加入世界贸易组织以来，制造业名义关税与有效保护率的动态变化，因此，将 2001 年与 2014 年数据的比较分析作为重点。

从 2001 年关税有效保护结构来看，木材加工、印刷产品、医药和化学原料及化学制品的有效保护率低于相应名义关税水平，说明这些行业的实际保护程度低于官方设定的水平。木材加工制品的主要中间投入品为农产品（投入产出系数为 0.13），其名义关税税率为 17.16%，高于最终产品

第四章　关税与有效保护理论

表4-2　中国制造业关税与关税有效保护率（%）（28个行业）

行业名称	2001年 名义税率	2001年 有效保护率	2005年 名义税率	2005年 有效保护率	2010年 名义税率	2010年 有效保护率	2014年 名义税率	2014年 有效保护率
食品加工	29.15	60.15	18.23	37.10	17.64	34.60	15.89	29.13
食品制造	24.74	31.19	16.39	22.10	16.55	21.87	16.68	23.20
饮料制造	43.66	72.93	19.84	28.25	19.81	27.63	18.92	25.85
烟草制品	57.00	63.56	41.00	52.02	41.00	52.24	42.93	52.18
纺织业	20.61	24.11	11.75	13.96	11.66	13.76	12.32	15.08
纺织服装	24.14	31.01	15.87	23.86	15.84	24.95	15.97	24.14
皮革毛皮羽毛制品	20.60	22.01	15.43	20.05	15.45	19.99	13.97	16.73
木材加工	10.28	7.95	5.22	1.90	5.13	1.19	4.59	0.84
家具制造	20.03	30.33	0.74	-8.19	0.56	-9.36	0.50	-8.80
造纸及纸制品	14.34	15.00	5.69	4.14	5.55	3.72	5.22	3.65
印刷业和记录媒介	5.51	0.16	3.23	-0.20	3.23	-0.79	3.15	-0.41
文教体育	18.99	24.26	12.00	17.99	12.14	19.98	11.17	17.72
石油炼焦及核燃料	7.41	8.90	6.36	10.69	6.35	10.92	5.26	9.59
化学原料及化学制品	10.03	9.90	6.93	6.74	6.74	6.05	6.13	5.56
医药	10.13	7.93	4.83	1.92	4.94	1.35	4.69	1.25
化学纤维	22.42	44.99	8.02	10.02	7.86	9.47	9.52	15.42
橡胶	15.58	17.32	13.02	20.72	13.06	22.55	12.65	21.59
塑料	15.89	21.72	8.85	10.94	8.53	10.18	8.39	10.36
非金属矿物制品	17.90	23.48	13.74	19.47	13.55	20.12	12.16	18.38
黑色金属冶炼及压延	7.84	7.97	5.08	5.18	5.10	6.22	4.78	6.71
有色金属冶炼及压延	6.27	6.79	5.02	5.53	5.02	5.49	3.85	3.81
金属制品	12.14	16.64	10.19	16.65	9.89	15.85	9.43	15.25
通用设备制造业	14.00	16.35	9.02	10.85	8.99	13.66	7.90	14.68
专用设备	12.69	13.98	7.56	7.24	7.59	6.97	7.05	6.36
交通运输设备	24.35	37.51	13.28	19.57	13.10	18.55	15.08	22.41
电气机械及器材	16.36	24.09	10.21	15.88	10.48	17.50	9.41	15.22

续表

行业名称	2001年 名义税率	2001年 有效保护率	2005年 名义税率	2005年 有效保护率	2010年 名义税率	2010年 有效保护率	2014年 名义税率	2014年 有效保护率
通信设备、计算机	17.20	19.23	7.71	6.63	6.98	5.72	6.92	6.16
仪器仪表文化办公	14.75	15.36	9.93	12.51	9.97	13.02	8.91	10.63
工艺品	15.84	17.48	13.40	20.23	13.54	22.64	13.21	23.06

注：数据为作者计算。

10.28%的名义税率。印刷产品的名义关税率为5.51%，远低于其主要中间投入品造纸及纸制品14.34%（投入产出系数为0.26）的名义关税水平。医药制品的名义关税税率（10.13%）也低于其主要中间投入之一的农产品的关税税率（19.82%）。①

其他行业均表现为有效保护率高于名义关税水平，表明中国制造业大部分产品的有效保护程度高于法定税率。中国在加入WTO之初，有效保护程度形成了以16%和30%为分界值的低档、中档、高档的保护结构：（1）ERP小于16%的低关税有效保护部门，ERP由高到低顺序为仪器仪表文化办公、造纸及纸制品、专用设备制造业、化学原料及制品、石油加工炼焦、黑色金属冶炼、木材加工、医药制造业、有色金属冶炼、印刷业和记录媒介。（2）ERP介于16%—30%之间的中等关税保护部门，行业ERP由高到低顺序为文教体育用品、纺织、电气机械及器材、非金属矿物制品、皮革毛皮羽毛（绒）等制品、塑料制品、通信设备、工艺品、橡胶制品、金属制品和通用设备制造。（3）ERP

---

① 本节以HS4分位产品对制造业行业关税进行统计，其数值与第二、第三章以HS6分位产品统计的制造业行业关税在数值上存在一定偏差，但偏离幅度较小，关税行业排名没有变化。

大于30%的高关税有效保护部门，按 ERP 由高到低顺序分别为饮料制造、烟草制品、食品加工、化学纤维、交通运输设备、食品制造、纺织服装鞋帽和家具。不难看出，低关税有效保护的大多数产品隶属于中间投入品，高有效保护的是大多为最终消费品。根据 ERP 计算公式，有效保护率超过名义关税率的原因可能是最终产品的名义关税率高于本部门中间投入品的名义关税率，或者即使部分中间投入品关税高于最终产品，但其影响力度并没有超过产品增加值的增幅。对2001年投入产出表和关税数据分析发现，除了处于低关税保护的印刷业和记录媒介、医药制造业和木材加工这三个部门之外，其他产品的主要中间投入产品的名义关税率均低于最终产品的名义关税。尤其是高关税有效保护的三个典型最终消费品烟草制品、饮料制造、食品加工的名义关税率分别为57%、43.7%和29.15%，远高于其他部门。同时，对于这三个部门而言，农业是其主要中间产品投入，而农产品的平均税率为17.16%，显著低于这三个部门的名义税率。两方面的共同作用导致它们的有效保护率在所有制造业中也列居前三。其他高有效保护率的行业也具有自身名义税率较高和主要中间投入产品名义关税相对较低的特征。如化学纤维产品的名义税率为22%，其主要中间投入产品化学原料（投入产出系数为0.28）的适用税率为10%，交通运输设备的名义税率为24%，而其主要中间投入品黑色金属（投入产出系数为0.09）的适用税率为7.8%[1]。上述有效保护率的分析表明，大多数产品的主要中间投入品的适用税率均低于最终产品，由此，中国入世之初的关税结构基本符合对较低加工阶段的产品课征较低名义关税的关税升级原理，形

---

[1] 食品制造的名义税率为24%，而其主要中间投入农产品（投入产出系数为0.19）的适用税率为17.16%。

成了从上游产品到下游产品有效保护率逐渐升高的梯形有效关税保护结构。

2002年中国根据入世关税减让承诺开始逐年下调关税,表4-2中2005年和2010年关税数据显示伴随制造业所有部门名义关税的削减,绝大多数产品的有效保护率也有不同程度的降幅。根据关税理论,关税保护的福利损失与有效保护结构紧密相关,通过缩小有效保护率之间的差异即逐步降低有效保护率的离散系数将会降低保护成本和对资源配置的扭曲程度。将2001年与2014年数据对比发现,中国2001年制造业有效保护率的极差为72.77%,大于2014年的相应指标60.98%,然而比较离散系数却发现2001年有效保护率离散系数为0.73,而2014年离散系数增至0.84。离散系数的增加主要原因来自对家具产品负有效保护的存在。有效保护率2001年均值为23.8%,降至2014年的14%,标准差也由2001年的17.5降至2014年的11.7。另一显著变化是负有效保护率的出现,自2004年开始,家具制造和印刷业记录媒介两部门一直保持负的有效保护率。印刷业记录媒介产品的有效保护率为负,但数值较小,家具产品在2005年以后一直维持较高的负保护状态,其有效保护率在-10%至-8%水平之间波动。究其原因,首先,2014年家具产品名义关税仅为0.5%,较2001年的20.03%,下降百分比为97.5%,在所有制造业产品中降幅最大;其次,该产品主要中间投入品木材(投入产出系数为0.33)的名义关税税率为4.6%,显著高于最终产品的关税水平。家具生产过程需要大量木材投入,而不可再生的木材资源在中国由于大量开采而变得相对稀缺,政府为保护本国木材资源,在保证木材产品的适用名义关税维持在一定水平的同时,降低家具产品关税,鼓励家具产品进口。这体现了国家在关税政策调整时贯彻实施的保护资源和环境的准则。该原则也是印刷业记录媒介产品有效保护率为负的主要成因。印刷业记录媒介产品的名义关税税率为 3.1%，而主要中间投入产品造纸及纸制品（投入产出系数为 0.36）的适用关税为 5.2%，这同样是出于保护资源和环境的目的。

2014 年数据表明，部分产品的有效保护率降幅超过对应的名义关税降幅，导致其有效保护率低于名义关税，有效保护率低于名义关税的行业扩增至 9 个，不仅包括 2001 年的 4 个行业，还新增家具、造纸、有色金属、通信设备和专业设备 5 个行业。这说明中国入世后的关税削减导致更多的制造业的有效保护程度低于法定关税，中国不仅在降低名义关税上做出显著成绩，并实际做到了对关税有效保护程度的削减。比较特殊的是橡胶制品，其有效保护程度不降反升，增加了 4 个百分点，原因可能是作为橡胶制品主要中间投入的化学原料及化学制品（投入产出系数为 0.25）的名义关税削减幅度为 4%，大于最终产品橡胶制品的名义关税削减幅度 2.9%，进而导致该产品的有效保护程度的提高①。

那么，2014 年的关税有效保护是否仍然符合对较高加工阶段的产品课征较高名义关税的关税升级原理？在有效保护率低于名义关税率的 9 个行业中，大多数产品的名义关税也处于较低水平，有 6 个部门的主要原料的名义关税率高于最终产品关税水平，如电子通信设备关税为 6.9%，其主要中间投入品电气机械的关税为 9.4%，这说明有效保护率偏低由最终产品名义关税相对较低和主要原料关税相对偏高两个因素共同作用造成。而其他 19 个有效保护率高于名义关税的行业，根据有效保护率数值大小，分为以 16% 为分界值的较低和较高两档：（1）ERP 小于 16% 的较低关税有效保护部门，依据保护程度高低排列为化学纤维、金属制品、

---

① 另一有效保护率提高的行业为石油加工炼焦产品，但其提高幅度仅有 0.6 个百分点。

电气机械、纺织业、通用设备、仪器仪表文化办公、塑料、石油加工炼焦、黑色金属冶炼等9个行业；（2）ERP大于16%的较高关税保护部门，产品高低排列为烟草制品、食品加工、饮料制造、纺织服装、食品制造、交通运输设备、橡胶制品、非金属矿物制品、文教体育用品、皮革毛皮羽毛（绒）等制品等10个行业。较低关税有效保护的大多数产品隶属于中间投入品和资本品，较高有效保护则大多为最终消费品，尤其是最高有效保护的烟草、食品加工和制造等5个产品均为最终消费品。这几类最终消费品的名义关税和有效保护率的削减幅度在所有制造业产品中最大，但减税并没有改变其名义关税和有效保护率相对较高的排名。

根据2014年投入产出表和关税数据，对有效保护率高于名义关税税率的所有产品而言，最终产品的名义关税税率均高于主要中间投入产品。如橡胶的名义税率为12.7%，其主要中间投入品化学原料的名义税率为6.1%，食品加工的名义税率为15.9%，其主要中间投入品农产品的名义关税税率为10.1%。可以看出，与2001年相比，在中国多数产品的关税设置依旧基本符合关税升级原理的基础上，对关税设置更多兼顾对资源和产业发展的考量。如为资源保护的目的，家具制造、印刷业和记录媒介、木材加工、造纸及纸制品的主要原料均为稀缺资源的木材，因此，关税水平的选择导致这些产品的有效保护程度小于名义关税，政府旨在更多促进经加工的木材产品进口，而不是使用本国的木材资源直接进行生产。如从产业政策发展需要出发，为促进中国医药行业的发展，对医药产品的保护水平低于名义关税，旨在鼓励更多国外先进医药产品的进口。

三、关税有效保护与产业竞争优势相关性讨论

自改革开放以来,中国外贸经历了由进口替代与出口导向战略并重,到出口导向战略为主的发展。出口导向战略顺应本国比较优势,能有效整合国内资源,通过扩大具有比较优势产品的出口,带动本国产业结构优化升级和经济的发展。中国多年较高的出口增长和较快的经济增速已经为该战略在中国实施获得成功提供了佐证。以外贸出口为主导,政府往往选择国内生产具有相对优势的产品予以保护,以维持或扩大国内生产规模,强化相应产品的比较优势,提升该产业的国际竞争力,因此,对具有竞争优势的产品征收较高关税,对不具有竞争优势的产品征收较低关税,关税水平与产业竞争力相一致,贸易保护结构表现为顺比较优势。实证研究中往往以产品贸易竞争指数(TC)来衡量产品在国际市场上是否具有竞争优势。该指数介于 -1 与 1 之间,越接近 1 表示国际竞争力越强,越接近于 -1 表示竞争力越薄弱。图 $4-3$(a)将中国 2002 年制造业产品贸易竞争指数与相应产品的关税有效保护率关联,图形显示两者存在正相关性,统计计算其相关系数为 0.49,且在 5% 的统计水平上显著,这说明在中国入世之初,关税保护结构确实呈现顺比较优势的结构特征。

正式成为 WTO 成员后,中国外贸发展进入全新篇章,尤其在 2010 年完成关税削减承诺后,中国实施全面开放经济发展战略,外贸战略以出口导向政策为基础,融入了更多战略贸易与国家竞争优势发展的理论要素。中国新阶段外贸发展强调巩固比较优势,培育竞争优势,政府在夯实部分具有传统优势的劳动密集型产业发展基础的同时,选择技术密集型、外部效应大的产业为重点产业加以保护和扶持,旨在

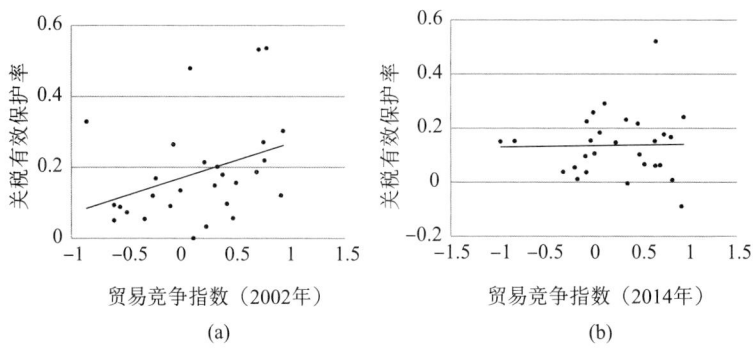

图 4-3 中国关税有效保护率与贸易竞争指数对比

通过创新来建立和发展优势产业来提高国家国际竞争力,将基于比较优势的贸易结构积极向具有竞争优势的产业结构推进。由于竞争优势产业并不一定传承传统比较优势产业,因此,关税保护结构的顺比较优势特征逐渐模糊,该弱化效应在图 4-3 (b) 中得到确认。该图展示了 2014 年制造业贸易竞争指数与关税有效保护率的数据特征,可以看出两者不存在明显相关性,计算其相关系数接近 0。

进一步分析产品贸易竞争指数,将竞争指数大于 0.5 的产品归类为强竞争优势行业,介于 0 与 0.5 之间的列为弱竞争优势行业,而小于 0 的行业称其为竞争劣势行业,2002 年和 2014 年制造业行业竞争优势分布情况可见表 4-3。2002 年数据显示强竞争优势产业除了金属制品,其余产品均为制造业消费品,如纺织服装、食品、饮料、烟草、皮革毛皮羽绒、文教体育用品等均属于劳动密集型消费品,而竞争劣势产业均为中间投入品和资本品。随着入世关税削减承诺的逐步履行,部分产品竞争指数相对较为稳定,部分产品则波动巨大。2014 年数据表明强竞争优势产业类型更为丰富,不仅包含纺织服装、皮革、文教类等具有传统比较优势的劳动密集型消费品,隶属资本品的专用设备、电子通信设备和隶属中间投入品的黑色金属也进入强竞争优势行业之列。此外,更多资本品和中间投入品,如通用设备、仪器仪表等产业由竞争劣势进入弱竞争优势行业之列。这说明中国竞争优势行业不再限于劳动密集型消费品为主,制造业中间投入品和资本品竞争优势逐步显现。

表 4 – 3　　中国制造业行业竞争优势分布（28 个行业）

	2002 年	2014 年
强竞争优势 （TC > 0.5）	纺织服装、家具、烟草、文教体育、食品制造、饮料、皮革、金属制品	纺织服装、家具、木材加工、皮革、文教体育、专用设备、烟草、通信设备、金属制品、黑色金属
弱竞争优势 （0 < TC < 0.5）	木材加工、通信设备、橡胶制品、非金属矿物、塑料制品、医药制造、纺织、印刷、农副食品	塑料制品、橡胶制品、印刷、食品制造、通用设备、木材加工、通信设备、农副食品、非金属矿物、仪器仪表
竞争劣势 （TC < 0）	仪器仪表、交通运输、石油加工、电气机械、通用设备、有色金属、化学原料、专用设备、黑色金属、造纸、化学纤维	饮料、化学纤维、交通运输、造纸、石油加工、医药制造、化学原料、有色金属、电气机械、纺织

　　关税作为调整进口竞争的有效政策工具,必然对培育国内产品的竞争优势有积极作用。根据表 4 -1 数据,尽管制造业中间投入品和资本品的有效保护率始终低于制造业消费品,但彼此间差距在缩小。由此,中国制造业资本和中间投入品国际竞争力的提高是否与关税有效保护结构调整相关?对 2002—2014 年制造业行业关税有效保护率与产品竞争指数进行格兰杰因果检验,发现关税有效保护水平是引致贸易竞争指数变动的格兰杰原因,而竞争指数对关税有效保护无因果关系[①]。这说明产业优势动态发展与关税有效保护水平

---

① 这两个变量均通过面板数据平稳性检验,都为平稳数据。

的变化相一致，关税调整有助于产业竞争力的培植，促进了中国现阶段制造业产品贸易竞争格局的形成。

四、结论与政策建议

（一）主要结论

关税有效保护率与关税政策和产业结构密切相关，其变动的行业特征反映中国产业政策的调整方向。本章分析中国加入世界贸易组织以来制造业名义关税和有效保护率的结构特征和变化趋势，得出以下五点结论：

第一，加入世界贸易组织以来，中国名义关税和有效保护率均得到显著削减。中国制造业有效保护率平均而言高于名义关税率，说明制造业产品享有的实际保护程度超过国家提供的名义关税水平。

第二，中国目前制造业行业关税保护福利成本依旧较高。中国政府在设置关税保护结构时，首要考虑的是产业发展政策，环境和资源保护等因素；其次才是对效率和福利损失的考量。

第三，不论是中国加入世界贸易组织之初，还是加入世界贸易组织后经历关税调整，以消费品、中间投入品和资本品为统计标准，名义关税率和有效保护水平从低到高依次为制造业中间投入品、制造业资本品和制造业消费品，呈现随加工深度增加而逐渐升高的阶梯型保护结构，中国关税设置基本合理，符合关税升级原理。

第四，中国目前关税政策在调整产业发展方面灵活性增强，体现政府兼顾保护自然资源、利用充裕资源、促进产业升级和协调发展的政策意图。家具制造、印刷业和记录媒介、木材加工、造纸及纸制品的主要原料为稀缺资源的木材等林业产品，关税水平的选择导致这些产品的有效保护程度小于名义关税,政府调整关税旨在更多促进木材加工成品进口,而非使用本国木材资源直接进行生产。为保护本国矿产资源,非金属矿物制品适用较高关税,非金属矿采选业适用较低关税以鼓励进口非金属矿原料,满足国内非金属矿物制品生产需要。对食品制造、饮料、纺织服装、文教体育用品等劳动密集型产业,提供相对较高的关税保护,以利用国内劳动力资源优势。为产业升级和协调发展为目的,交通运输设备业享有较高有效保护以扶持该行业,尤其是汽车制造业的发展;为产业关联性强的橡胶制品提供有效保护,保证该类产品的国内供应;为促进中国医药行业的发展,对医药产品的保护水平低于名义关税,旨在鼓励更多国外先进医药产品的进口。

第五,关税保护结构的顺比较优势特征逐渐淡化,基于比较优势的贸易结构积极向具有竞争优势的产业结构推进。中国竞争优势行业不再限于劳动密集型消费品为主,制造业中间投入品和资本品竞争优势逐步显现。制造业产业优势动态发展与关税有效保护水平的变化相一致,关税调整有助于产业竞争力的培植,促进了中国现阶段制造业产品贸易竞争局面的形成。

(二) 政策建议

有效保护率是资源分配效果的指标,资源从低收益部门向着高利润部门转移,即流向有效保护率高的行业,为中国实现产业结构的优化提供了依据。

随着经济发展,中国劳动力成本不断攀升,劳动力优势相对于其他发展中国家而言,正逐渐消失。作为 WTO 成员,中国必须对所有成员提供无差异的最惠国关税待遇,因此,中国还需要在一段时间内合理配置关税,对部分劳动密集型产业,提供相对稳定的关税保护,以减少来自其他发展中国家的竞争威胁,维持国内大规模生产,在实现就业的同时，以规模效应强化本国比较优势。可以进一步加强关税政策调整产业发展方面的灵活性，为促进产业发展和升级，对国家重点扶持的行业，可以在固定甚至下调其名义关税的同时，通过更大幅度地下调上游产业的关税，维持或增强该类行业所享有的有效保护水平；为保护环境和自然资源，对矿产原料、木材等产品巩固其受保护程度；为保证产业间协调发展，需谨慎对待产业关联性强的行业关税水平的调整，确保相关产品的自给率。

第五章

关税与收入分配理论

根据斯托尔帕-萨缪尔森定理（Stolper – Samuelson Theorem, SS），一国积极参与国际贸易，通过商品交换将增加一国相对充裕要素持有者的实际收入，降低相对稀缺要素持有者的实际收入。发达国家一般是技能劳动丰裕的国家，因此贸易自由化有助于提高技能劳动力的工资水平，降低非技能劳动力的实际工资，从而扩大了收入差距，对发达国家的实证研究也多证明了这一点。按照 SS 定理的预测，发展中国家大多是非技能劳动力丰裕的国家，因此国际贸易将有助于提高非技能劳动者的实际工资，从而缩小技能劳动力和非技能劳动力之间的收入差距。但是，对发展中国家的实证研究却很难证明这一点，相当一部分的研究结果表明，国际贸易扩大了发展中国家技能劳动力和非技能劳动力的收入差距，这说明发展中国家的现实情况并不完全符合经典贸易理论的预期。

实证研究中对国际贸易的衡量指标有诸多选择，关税、FDI 规模、外资企业规模、进出口规模和外贸依存度等，往往被用作贸易开放衡量指标来研究国际贸易对一国收入分配的影响。由于发展中国家的贸易自由化进程往往伴随显著的关税削减,这使得在对这些国家贸易开放的收入分配效应的研究中,关税是最重要和使用频率最高的分析工具之一。本章重点探讨从关税调整视角分析贸易自由化对一国收入分配的影响。第一节回顾国际贸易和关税的收入分配研究文献。第二节介绍关税的要素收入分配理论模型。第三节分析中国加入世界贸易组织后制造业行业工资和关税削减的行业特征,工资数据显示长期来看,技能劳动力的相对工资下降,符合 SS 理论预期,但入世之初的技能相对工资上涨则对 SS 理论提出了挑战,很显然,仅仅依赖 SS 理论无法解释中国相对工资的波动情况。第四节是实证分析,将商品价格内生化,关税削减通过商品价格渠道,影响要素相对收入。回归结果支持中国关税的削减扩大了工资收入差距,即提高了中国的技能溢价水平。

第一节

国际贸易、关税与收入分配

一、国际贸易的收入分配效应研究

依据研究对象进行划分,国际贸易的收入分配效应研究可区分为以发达国家为研究对象和以发展中国家为研究对象。在对前者的研究中,大多数结果表明国际贸易扩大了发达国家收入差距,总体来说,已有研究证明关于国际贸易对发达国家工资差距的扩大效应是符合传统理论的。在以发展中国家为对象的研究中,绝大多数的研究同样得出国际贸易实际上拉大了收入差距,这说明经典贸易理论在解释发展中国家的现实情况时存在一定困难。对于贸易与工资不平等,戈尔德堡和帕夫尼克(Goldberg & Pavnick,2007)对既有文献进行梳理后发现,无论对发达国家还是发展中国家,贸易自由化均会扩大工资的不平等。赫尔普曼等(Helpman et al.,2010)构建理论模型得出了贸易自由化与行业内工资不平等存在倒"U"形关系,即贸易自由化先是在一定程度上加大工资不平等,而超过一定程度之后,贸易自由化又会减小行业内工资不平等。格罗斯曼和赫尔普曼(Grossman & Helpman,2018)将企业与工人的异质性加入到一个内生性创新模型,探讨了经济增长、贸易与不平等之间的相互关系,他们发现贸易会扩大国家内部的收入不平等。

(一)以发达国家为对象的研究

在对发达国家工资差距的研究中,伍德(Wood,1995)、利莫尔(Leamer,1996)等认为与发展中国家间的贸易降低了发达国家国内对非技能劳动力的需求,使得这部分劳动力失业增加、工资降低,国际贸易是导致发达国家技能和非技能劳动力工资差距扩大的主要原因。伍德通过计算发达国家进出口商品中非技能劳动者的要素含量,发现与发展中国家的国际贸易的替代作用导致发达国家对本国非技能劳动的需求降低了约22%。利莫尔利用20世纪80年代美国450个4位数商品分类的行业的产品价格、全要素增值率和初始的要素比例,计算了由贸易模式变化引起的要素价格的变化,发现商品价格变化对美国非技能劳动力相对工资下降的解释能力可以达到40%。

技术进步机制是另一个考察国际贸易影响收入差距的重要角度。开放条件下,国际贸易的发展也会影响一国的技术进步,贸易可以通过改变技术创新的方向影响一国的工资差距。里查德森（Richardson，1995）认为，贸易导致的部门偏向的技术进步导致了收入差距，即由于某些产品部门的技术进步导致了其大量使用技能劳动力，从而产生技能与非技能劳动力的收入差距。克鲁格曼（Krugman，2000）认为，贸易造成的要素偏向的技术进步导致了收入差距，即技术进步使所有部门增加对技能劳动力的使用，从而产生技能与非技能劳动力的收入差距。以上两种观点的争论可归结为是贸易导致的部门间的技术进步差异还是要素间的技术进步差异导致了收入的不平等。

另外，还有相当一部分研究发现，贸易自由化对一国的收入差距影响不大或基本没有影响。如布劳尔和希科克（Brauer & Hickok，1994）的实证研究认为贸易对美国工资差距扩大的影响力最多不超过15%。鲍德温和凯恩（Baldwin & Cain，1997）分阶段研究了美国工资差距扩大的成因：1977—1987年，与发展中国家的贸易只能解释工资差距扩大成因的9%；1987年后，贸易的影响更小。

（二）以发展中国家为对象的研究

罗宾斯（Robbins，1996）、塞巴斯蒂安（Sebastian，1997）和拜尔等（Beyer et al.，1999）在对阿根廷、阿尔及利亚、智利、哥伦比亚、哥斯达黎加、马来西亚、墨西哥、菲律宾、乌拉圭和中国台湾等国家和地区的贸易与工资关系进行研究后发现大部分国家在实施贸易自由化的进程中，其国内技能劳动者与非技能劳动者的工资差距并未如SS定理预测的那样缩小，反而呈现扩大的趋势，其主要原因在于贸易大幅降低了非技能劳动者的工资。例如在加快贸易自由化进程的1975—1985年，哥伦比亚非技能劳动者的相对工资下降了近2/3。阿尔巴彻（Arbache，2003）对巴西的研究发现尽管贸易自由化通过增加生产、降低国内物价、增加就业等促进了巴西的经济增长，但是却引发了对贸易部门的技

第五章 关税与收入分配理论

能工人需求的增加,扩大了工资差距。埃基韦尔和罗德里格斯—洛佩兹(Esquivel & Rodríguez - López, 2003)以墨西哥 1988—1994 年和 1994—2000 年两个阶段工资差距为研究对象时发现,在前一个阶段,因贸易自由化缩小的工资差距被技术变迁导致的工资差距拉大效应所抵消,在第二个阶段,贸易自由化的作用仍然不显著,工资差距的微小上升也是由技术变迁导致的,从而强调了技术对工资差距的决定性作用。佩里和奥拉雷亚加(Perry & Olarreaga, 2006)采用 17 个拉美国家在 20 世纪 80 年代末 90 年代初的相关数据,验证了贸易开放会导致收入不平等程度的提高,这主要是因为对外贸易的动态效应会加速技术偏向性的技术进步,从而导致绝大多数行业增加对技能工人的需求。另外,对外贸易对收入不平等程度的影响在很大程度上取决于政府同期采取的其他政策。如果一国政府能够在扩大对外贸易的同时增加对穷人的技术培训,向其提供更多的生产性资料,那么,对外贸易对收入不平等的负面影响会被大大抵消。戈尔德堡和帕夫尼克(Goldberg & Pavcnik, 2007)研究了发展中国家贸易自由化和收入不平等的关系,发现贸易自由化在短期和中期内会降低非技能劳动的收入。

(三)中国的国际贸易收入分配研究

与发达国家相比,作为发展中国家,中国的非技能劳动力相对丰裕、技能劳动力相对稀缺,应该更多地生产并出口密集使用非技能劳动力的产品,从发达国家进口密集使用技能劳动力的产品。根据 SS 定理有关商品价格和要素价格关系的理论,中国技能劳动力工资应该下降,而非技能劳动力工资应该上升,国内工资差距应该缩小。但与其他发展中国家相比,中国的人力资本则具有比较优势。中国作为世界贸易大国,不仅与发达国家贸易往来密切,与其他发展中国家的贸易规模也不容小觑,因此,国际贸易的高度发展,贸易自由化的日益深化，对中国劳动力收入分配的影响是多重的，中国的现实情况复杂化程度往往不能由经典的 SS 理论简单解释。大量文献从理论和实证两方面对中国的国际贸易与收入分配关系进行了全面详尽的探讨研究，但并没有形成一致的结论。一些学者认为国际贸易扩大了国内的收入差距，有的则认为贸易缩小了收入差距，还有些学者认为收入差距会处于动态调整过程，而非单调线性波动。

吴（Wu，2001）认为，中国日益增加的外商直接投资（FDI）提升了中国技能劳动力的相对工资水平。由外资企业支付的相对较高的工资，促进了中国技能劳动力相对工资，即技能溢价的提高（Zhao，2001）。徐水安（2003）采用两要素模型从工业经济和农业经济两方面分析了加入 WTO 以后中国收入分配状况的变化，认为由于中国的贸易比较优势是劳动密集型产品，因此随着劳动密集型工业产品和农业产品出口的增加，工业部门和农业部门劳动的相对收益均会上升，因此加入 WTO 有利于降低中国的收入不平等程度。伊安科维奇纳和马丁（Ianchovichina & Martin，2004）认为，中国加入 WTO 将降低其技能溢价。王云飞（2007）将国际贸易、要素禀赋与省际收入差距相结合，进一步证实了国际贸易对区域收入差距的扩大作用，但各地区的要素禀赋差异会改变贸易的作用方向，贸易会扩大人力资本相对丰裕地区的收入差距，而缩小资本相对丰裕地区的收入差距。戴枫（2005）采用 Granger 因果检验考察了中国贸易自由化与收入不平等之间的关系，发现中国收入差距的扩大与贸易自由化之间存在长期稳定的关系。徐和李（Xu & Li，2008）将中国日益扩大的工资差距归因于对技能劳动力需求的增加，他们使用 1998—2000 年的工业企业数据研究了对外贸易和 FDI 这两种因素对中国工资差距的影响，发现出口贸易显著扩大了工资不平等。喻美辞（2008）运用 2000—2005

年 27 个制造业细分行业的面板数据研究了对外贸易对中国工资差距的影响,并进一步将这些细分行业按要素密集度的不同分为三种类型,分别分析了技术密集型、劳动密集型和资本密集型行业的进出口贸易、技术进步等变量对相对工资差距的影响。实证研究发现行业的进口贸易对相对工资差距有显著的正向影响,出口贸易对相对工资差距的影响则不显著;在不考虑制造业行业特征时,对外贸易导致了工资差距的扩大;在考虑制造业行业特征时,进出口贸易会由于行业要素密集度的不同而对工资差距产生不同的影响。胡超(2008)考察了中国 1985—2005 年对外贸易与收入不平等的关系,发现在 1985—2004 年,对外贸易与收入不平等是一种倒"U"形关系,对外贸易在样本初期确实扩大了中国的收入不平等,但之后缩小了收入不平等。

邹等(Zou et al.,2009)发现资本和技能劳动力的互补性有效增加了中国技能劳动力的相对工资,加大了工资差距。安瓦尔和瑟尔特(Anwar & Sun,2012)发现中国扩大的自由贸易增加了制造业部门技能劳动力与非技能劳动力的工资差距。张世伟和吕世斌(2013)建立了一个贴近发展中国家经济现实的理论模型,分析了贸易自由化和技术进步对发展中国家工资不平等的影响,实证分析显示贸易开放引致的技术进步效应会导致工资不平等加大,而价格效应却会导致工资不平等减小。李清如等(2014)使用中国制造业数据,也发现贸易自由化可以减小行业内的工资差距,但他们没有考虑技术进步的影响,存在严重的遗漏变量偏差。张杰和陈志远(2015)采用 2004 年经济普查数据,从行业和企业两个层面研究了出口与工资不平等的关系及影响机制,发现出口密集度的增加显著减小了工资不平等,当然,他们的研究只用了截面数据,存在较强的内生性问题。张先锋等(2015)基于消费异质性的视角,同样发现了贸易自由化扩大了制造业的技能溢价。徐和欧阳（Xu & Ouyang, 2015）研究认为，中国加入 WTO 后与国际市场联系日益密切，国际商品价格影响国内产品价格，并引导要素市场做出调整，国内技能劳动力相对非技能劳动力的工资差距缩小。尹正和倪志伟（2018）选取我国制造业 2006—2016 年的面板数据，将行业出口总额的对数作为贸易自由化变量，实证结果显示出口贸易企业对非技能劳动力需求增加，使得工资差距缩小。单希彦（2018）从中间品贸易的角度出发，发现进口贸易与出口贸易对我国制造业行业的相对工资差距产生了显著的正向影响，不过文章并没有考虑最终品贸易的情况。王俊（2019）的研究基于技能偏向技术进步视角来解释贸易自由化使中国等发展中国家技能溢价的扩大。

二、关税的收入分配效应研究

当关税调整造成商品相对价格上升时，在该商品生产中密集使用的要素的收益率将增加。如果该密集要素是本国相对充裕型资源，则关税调整有助于加快要素价格均等化进程，如果是本国相对稀缺型资源，关税调整则减弱要素价格均等化趋势。关税税率的调整将改变进出口商品价格和需求，进而对要素收入产生影响，调整收入分配。理论上讲，关税下降可能对劳动力市场造成以下影响：（1）改变行业间工资对比，关税削减往往具有行业特定性，即不同行业的关税削减幅度各有不同，由此，商品价格波动的幅度也存在行业特定性，进而不同行业间劳动力工资调整存在差异。（2）改变技能溢价。关税下降对技能劳动力和非技能劳动力的工资可能产生不同的影响。若非技能劳动力工资受到关税冲击的负面影响较大，关税下降则会提高技能溢价，导致技能与非技能劳动力收入差距扩大。（3）改变地区区域层面的工资增长。关税下降会加剧来自国外企业的进口竞争,导致本土企业受到负面冲击,造成本土企业劳动力需求下降,工资降低。不同地区由于产业结构不同,受到关税冲击的程度也存在差异。受到关税冲击大的地区,工资增长应该相对更慢。(4)改变人口流动结构。由于不同行业或不同地区受关税冲击的幅度不同,关税下降可能使得劳动力由受冲击较大的行业或城市流向受冲击较小的行业或城市。

翟凡等(1996)利用中国CGE模型,模拟三种关税削减方案,研究表明降低关税将缓解收入分配不均。塞巴斯蒂安(Sebastian,1997)以1880—1890年基尼系数变动和最贫穷的20%人口收入在总收入中所占比重的变动作为被解释变量,用平均关税率等六个指标作为衡量贸易保护程度的解释变量,检验结果发现贸易自由化程度越深的国家,收入分配越平等,但两者间不存在因果关系。萨维德斯(Savvides,1998)从关税和非关税壁垒两个角度衡量贸易保护程度,研究表明贸易自由化程度越深,收入分配差距越大。徐水安(2003)研究认为如果出口资本密集型产品,则关税降低将恶化收入分配不平等;但是如果出口劳动密集型产品,则关税降低将缓解收入分配不平等。乌拉尔(Ural,2012)将印度居民分为农村和城市两类人群,发现印度关税改革的福利效应是偏向农户和低收入地区的,具有减贫扶贫的效果。哈里斯和罗伯逊(Harris & Robertson,2013)利用动态开放经济体的框架,计算发现中国关税削减后,技能溢价的变化并不是单调的,而是随着开放度的不同而不同,短期将迎来技能溢价的提高,长期来看,随着技能劳动力供应的增加,技能溢价将逐渐下降。张腾飞(2016)研究表明关税减让加剧了中国农村不同收入之间和不同地区之间的收入不平等状况。

徐和欧阳(Xu & Ouyang,2017)对中国关税削减的行业偏向型特征进行分析，聚焦商品价格渠道，即关税影响商品价格，进而对要素价格产生影响，发现中国加入WTO后关税削减提高了技能劳动力相对非技能劳动力的工资水平。戴觅等（2019）利用了两个层面的异质性：第一，各行业关税削减幅度不同；第二，各城市在加入世界贸易组织前的产业结构不同，例如交通设备制造业关税在加入世界贸易组织后降低了8个百分点，而煤炭采选业关税几乎没有下降，这意味着对交通设备制造业依赖程度比较高的城市（如湖北十堰）所受到的关税冲击会大于对煤炭采选业依赖程度比较高的城市（如黑龙江七台河市）。根据这一思路，戴觅等在城市层面构建了度量关税削减程度的指标，以识别加入世界贸易组织对区域劳动力市场的影响。该研究采用2002—2007年城镇住户调查（UHS）微观数据，研究中国加入WTO后的进口关税削减如何影响各城市工资的相对增长，从而从区域劳动力市场角度考察了贸易自由化的收入分配效应。研究表明：受关税冲击较大的城市工资增长相对较慢；这一效应主要体现在可贸易品部门，服务业、建筑业等不可贸易品部门受影响相对较小；非技能劳动力工资受到冲击较大，技能溢价在关税削减程度大的城市出现更快的增长。李佳和汤毅（2019）使用1998—2007年的中国制造业企业数据，研究了贸易自由化与技术进步对我国制造业行业内的工资不平等的影响。结果发现，无论以最终品关税还是以中间投入品关税来衡量贸易自由化，贸易自由化都会显著减小行业内工资不平等。在纠正了联立性偏差与选择性偏差之后，发现技术进步会显著加大行业内工资不平等。该文进一步使用分位数回归进行机制验证，结果显示，贸易自由化减小行业内工资不平等，主要通过提高行业内低工资企业的工资水平同时降低行业内高工资企业的工资水平；技术进步加大行业内工资不平等，主要通过相对更多地提高高工资企业的工资水平。綦海彤（2021）计算得出中间品关税水平，以此度量贸易自由化，检验中间品贸易自由化与我国27个制造业细分行业内工资差距之间的关系。结果表明，贸易自由化对工资差距具有正向促进作用。周等（Zhou et al.，2022）构建不同行业关税削减幅度差异指标和县域城市间产业专业化程度指标，分析中国加入世界贸易组织对县域城市劳动力市场的影响，研究发现，经历较大关税削减的县域城市平均工资增速较慢。

第二节

关税的要素收入分配理论模型

考虑小国开放经济体，模型包含3个部门。部门1为农业部门，使用非技能劳动力和土地生产农产品，部门2为技能制造业，使用技能劳动力和资本从事生产，部门3为非技能制造业，使用非技能劳动力和资本生产。土地和技能劳动力分别为部门1和部门2的专有（specific）生产要素。生产函数为规模报酬不变，即所有生产要素的边际产量递减。所有产品市场均为完全竞争。非技能劳动力不论是工作于部门1还是部门3，获得相同工资 W_U。技能劳动力获得工资水平为 W_S。根据开放小国的假设，国际市场价格决定国内商品价格。我们考虑以下贸易模式，本国出口农产品和非技能工业品，进口技能工业品。本国政府对进口商品征收进口关税。农产品被视为基准产品。

符号表示如下：

a_{Ki}　　资本投入与产出比，$i = 2,3$

a_{N1}　　土地投入与产出比

a_{Li}　　非技能劳动力投入与产出比，$i = 1,3$

a_{S2}　　技能劳动力投入与产出比

t　　部门 2 的进口关税税率

P_i　　产品相对价格，$i = 2,3$

P_2^*　　$P_2(1+t)$ 产品 2 国内或含关税相对价格

X_i　　产量，$i = 1,2,3$

W_S　　技能劳动力工资

W_U　　非技能劳动力工资

R　　土地租金

r　　资本回报率

L　　非技能劳动力总量

S　　技能劳动力总量

N　　土地数量

K　　资本拥有量（国内资本 + 国外资本）

θ_{ji}　　要素 j 在部门 i 的成本比重 $j = S,L,N,K$；$i = 1,2,3$

λ_{ji}　　要素 j 在部门 i 的投入比重 $j = L,K$；$i = 1,2,3$

S_{ji}^k　　要素 j 和 i 在部门 k 的替代弹性 $j,i = S,L,N,K$；$k = 1,2,3$。

$\hat{}$　　变化率

该经济体一般均衡条件由如下等式表示：

$$W_U a_{L1} + R a_{N1} = 1 \tag{5.1}$$

$$W_S a_{S2} + r a_{K2} = P_2^* \tag{5.2}$$

$$W_U a_{L3} + r a_{K3} = P_3 \tag{5.3}$$

$$a_{N1} X_1 = N \tag{5.4}$$

$$a_{S2} X_2 = S \tag{5.5}$$

$$a_{L1} X_1 + a_{L3} X_3 = L \tag{5.6}$$

$$a_{k2} X_2 + a_{k3} X_3 = K \tag{5.7}$$

式（5.1）—式（5.3）表示均衡条件下，单位产品成本等于该商品国内相对价格。式（5.4）—式（5.7）表示四种生产要素的市场出清，即供给等于需求。式（5.1）—式（5.7）描述该经济系统，该系统包含7个独立方程，即式（5.1）—式（5.7），存在7个内生变量，即W_U，W_S，R，r，X_1，X_2和X_3，给定参数包括P_2，P_3，t，N，S，L和K。

整理以上各式，要素回报率的变化可表示为如下矩阵形式：

$$\begin{bmatrix} \theta_{L1} & 0 & \theta_{N1} & 0 \\ 0 & \theta_{S2} & 0 & \theta_{K2} \\ \theta_{L3} & 0 & 0 & \theta_{K3} \\ A & B & C & D \end{bmatrix} \begin{bmatrix} \widehat{W}_U \\ \widehat{W}_S \\ \widehat{R} \\ \widehat{r} \end{bmatrix} = \begin{bmatrix} 0 \\ \widehat{P}_2^* \\ \widehat{P}_3 \\ -E\widehat{K} \end{bmatrix}$$

式中

$A = \lambda_{L1}(S_{LL}^1 - S_{NL}^1) + \lambda_{L3}(S_{LL}^3 - S_{KL}^3) < 0$

$B = \lambda_{L3}\lambda_{K2}(S_{SS}^2 - S_{KS}^2)/\lambda_{K3} < 0$

$C = \lambda_{L1}(S_{LN}^1 - S_{NN}^1) > 0$

$D = \lambda_{L3}(S_{LK}^3 - S_{KK}^3) + \lambda_{L3}\lambda_{K2}(S_{SK}^3 - S_{KK}^3)/\lambda_{K3} > 0$

$E = \lambda_{L3}/\lambda_{K3} > 0$

利用克莱姆法则（Cramer Rule）求解矩阵方程，得

$$\widehat{W}_U = \frac{(\theta_{N1}\theta_{K2}B - \theta_{N1}\theta_{S2}D)}{\Delta}\widehat{P}_3 - \frac{\theta_{N1}\theta_{K3}B}{\Delta}\widehat{P}_2^* - \frac{\theta_{N1}\theta_{K3}\theta_{S2}E}{\Delta}\widehat{K} \tag{5.8}$$

$$\widehat{W}_S = \frac{(\theta_{L1}\theta_{K2}C - \theta_{N1}\theta_{K2}A)}{\Delta}\widehat{P}_3 + \frac{(\theta_{N1}\theta_{K3}A - \theta_{L1}\theta_{K3}C - \theta_{N1}\theta_{L3}D)}{\Delta}\widehat{P}_2^* - \frac{\theta_{N1}\theta_{K2}\theta_{L3}E}{\Delta}\widehat{K} \tag{5.9}$$

$$\Delta = -\theta_{L1}\theta_{K3}\theta_{S2}C - \theta_{N1}\theta_{K3}\theta_{S2}D + \theta_{N1}\theta_{K3}\theta_{S2}A + \theta_{N1}\theta_{K2}\theta_{L3}B < 0$$

当仅考虑 $\widehat{P_2^*}$ 的影响时，$\widehat{P_3}$ 和 $\widehat{K}$ 都简化为 0，则式 (5.8) 和式 (5.9) 简化为：

$$\widehat{W}_U = -\frac{\theta_{N1}\theta_{K3}B}{\Delta}\widehat{P_2^*} < 0$$

$$\widehat{W}_S = \frac{(\theta_{N1}\theta_{K3}A - \theta_{L1}\theta_{K3}C - \theta_{N1}\theta_{L3}D)}{\Delta}\widehat{P_2^*} > 0$$

由此

$$\frac{\widehat{W}_S - \widehat{W}_U}{\widehat{P_2^*}} = \frac{(\theta_{N1}\theta_{K3}A - \theta_{L1}\theta_{K3}C - \theta_{N1}\theta_{L3}D) + \theta_{N1}\theta_{K3}B}{\Delta} > 0$$

当仅考虑 $\widehat{P_3}$ 的影响时，$\widehat{P_2^*}$ 和 $\widehat{K}$ 都简化为 0，则式 (5.8) 和式 (5.9) 简化为：

$$\widehat{W}_U = \frac{(\theta_{N1}\theta_{K2}B - \theta_{N1}\theta_{S2}D)}{\Delta}\widehat{P_3} > 0$$

$$\widehat{W}_S = \frac{(\theta_{L1}\theta_{K2}C - \theta_{N1}\theta_{K2}A)}{\Delta}\widehat{P_3} < 0$$

$$\frac{\widehat{W}_S - \widehat{W}_U}{\widehat{P_3}} = \frac{(\theta_{L1}\theta_{K2}C - \theta_{N1}\theta_{K2}A) - (\theta_{N1}\theta_{K2}B - \theta_{N1}\theta_{S2}D)}{\Delta} < 0$$

当仅考虑 $\widehat{K}$ 的影响时，$\widehat{P_2^*}$ 和 $\widehat{P_3}$ 都为 0，则式 (5.8) 和式 (5.9) 简化为：

$$\widehat{W}_U = -\frac{\theta_{N1}\theta_{K3}\theta_{S2}E}{\Delta}\widehat{K} > 0$$

$$\widehat{W}_S = -\frac{\theta_{N1}\theta_{K2}\theta_{L3}E}{\Delta}\widehat{K} > 0$$

$$\frac{\widehat{W}_S - \widehat{W}_U}{\widehat{K}} = \frac{\theta_{N1}\theta_{K3}\theta_{S2}E - \theta_{N1}\theta_{K2}\theta_{L3}E}{\Delta}$$

推断 1：当技能劳动力密集型产品关税降低和（或）非技能劳动力密集型产品价格提高时，技能劳动力相对于非技能劳动力工资降低,即技术溢价下降。

部门2产品(技能劳动力密集产品)关税削减,由于小国假设,其国内相对价格下降,部门生产萎缩,对技能劳动力(特定生产要素)和资本需求下降,被释放的资本由部门2流入部门3,而对于部门2的特定生产要素,技能劳动力而言,其边际产量由于资本削减而下降,进而技能劳动力工资下调。更多资本的流入导致部门3生产规模扩大,非技能劳动力的边际产量上升,非技能劳动力工资上涨,进而吸引更多部门1中的非技能劳动力流入部门3,导致部门1中非技能劳动力工资上升,由此,全社会非技能劳动力工资上涨。因此,技能劳动力相对工资下降。

部门3产品(非技能劳动力密集产品)价格上升将扩大其生产规模,进而引发对非技能劳动力和资本的更多需求。非技能劳动力工资上涨,资本价格上升。更多的非技能劳动力由部门1流入部门3,单位劳动力所拥有的土地数量增加,留存在部门1的非技能劳动力边际产量上升,工资上涨,所以全社会的非技能劳动力工资上涨。同时,更多的资本由部门2流入部门3,部门2使用的资本减少,生产萎缩。对于产品2的特定生产要素,技能劳动力而言,由于资本量减少,边际产量下降,技能劳动力工资下降。由此,技能劳动力相对工资下降。

推断2:随着外来资本的流入增多,如果 $\theta_{K3}\,\theta_{S2} \geqslant (\leqslant) \theta_{K2}\,\theta_{L3}$,技能劳动力相对非技能工资增长(降低)。

更多外来资本的流入将降低资本回报率。部门2和部门3由于资本成本削减,将扩大生产规模。部门2对技能劳动力和部门3对非技能劳动力都将产生更大需求。由此,技能劳动力和非技能劳动力工资均上涨。非技能劳动力工资上涨将不利于部门1的生产,因此,部门1生产萎缩,释放更多的非技能劳动力流入部门3。相对工资的变化将取决于

(非)技能劳动力工资的各自涨幅大小。如果部门 3 是相对资本密集型，即 $\theta_{K3}/\theta_{L3} \geq \theta_{K2}/\theta_{S2}$，资本将以更多流入部门 3，非技能劳动力得以配比更高比例的资本从事生产，进而导致部门 3 的非技能劳动力工资涨幅大于部门 2 的技能劳动力工资涨幅，所以技术溢价下调；如果部门 2 是相对资本密集型，则部门 2 密集使用的技能劳动力相对工资上涨，技能溢价上涨。

第三节

中国行业工资和关税变动特征

一、中国行业工资变动的特征

中国加入 WTO 后，技能劳动力工资与非技能劳动力工资差距表现为非单调性变动，呈现先增加后缩减的趋势，具体见图 5-1。图 5-1 显示了中国加入 WTO 后的 2001—2011 年中国平均工资、技能劳动力工资、非技能劳动力工资和相对工资变动情况，其中平均工资、技能和非技能劳动力工资以左边纵坐标来衡量，单位为万元人民币，相对工资以右边纵坐标衡量。平均工资为《劳动统计年鉴》中的分行业就业人员平均工资。技能劳动力工资，简称技能工资，以 R&D 经费内部支出中人员劳务费与 R&D 人员全时当量的比值衡量。非技能劳动力工资，简称非技能工资，则通过劳动力总人数，工程技术人员（technical engineering personnel）数目近似的技能劳动力数目，以及前两者对应的工资水平推

第五章 关税与收入分配理论

算得出。相对工资（技能溢价）以技能劳动力工资除以非技能劳动力工资的比值衡量。所需数据来自各年的《工业统计年鉴》和《科技统计年鉴》。由于年鉴中存在对技能劳动力的统计范畴上变动，为协调数据前后的一致性，保证数据的可比性，仅获得2001—2011年的相应数据。而根据本书前文对中国加入世界贸易组织后关税调整的分析可知，中国在2001年后大幅削减关税税率，经历10年的关税调整，于2010年完成入世关税削减承诺，之后的关税更多关注的是行业间的微调，调整幅度较小，因此，将时间跨度限定于2001—2011年，可以对中国为完成加入世界贸易组织关税减让承诺所进行的关税削减的收入分配效应予以分析。

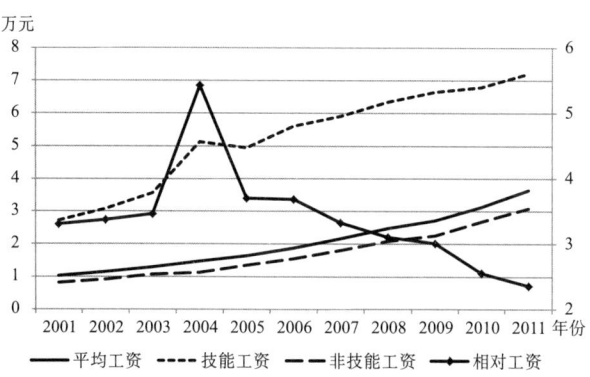

图5-1 中国制造业劳动力工资（2001—2011年）

由图5-1可以看出，第一，平均工资与非技能工资的波动趋势基本一致，在2001—2011年期间保持持续上涨，但两者增速较缓；第二，技能工资增速较为显著，尤其是在2003—2004年有个跳跃式增长，之后又在新高工资水平上继续维持上涨趋势；第三，相对工资在加入WTO后的4年间有所增加，尤其是在2004年增速明显，之后缓慢下降。根据SS理论的推论，中国作为非技能劳动充裕型国家，在加入WTO后,要素价格的变化应表现为技能工资下降,非技能工资上涨,相对工资水平下降,中国的数据显示长期来看,相对工资水平变动确实符合理论预期,即相对工资下降,但入世之初的相对工资上涨则对SS理论提出了挑战,很明显,仅仅依赖SS理论无法解释中国相对工资的波动情况。

二、关税变动的行业特征

图5-2展示了2002年制造业28个行业的技能密集度与行业关税水平的散点图,图中显示两者的线性拟合直线。行业的技能密集度以制造业各行业中技能劳动力人数与非技能劳动力人数的比值来衡量,数据来自上文在工资构建中的劳动力数目。图中的拟合线向下倾斜,显示技能密集度越高的行业,适用的关税水平相对更低,这反映在中国加入WTO之初,政府的关税政策是倾向于保护非技能劳动力密集型制造业行业。

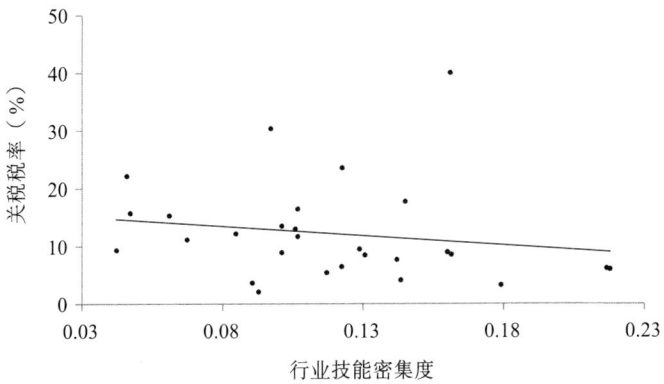

图5-2 中国制造业行业关税与技能密集度(2002年)

图 5-3 展示了 2002—2011 年中国制造业 28 个行业的关税变化幅度与行业技能密集度的关系。由于关税削减导致变化幅度主要为负值，图中纵坐标为逆序标注，以满足轴线向上移动，关税削减幅度越大的直观理解。关税削减幅度最大的 3 个行业是食品加工、家具制造和化学纤维，图形显示这三个行业基本属于非技能劳动密集型行业。向下倾斜的拟合直线表明，技能密集度越低，关税削减幅度越大，反之，技能密集度越高，关税削减幅度越小，由此，中国关税削减是非技能偏向型，即非技能密集型行业的关税削减更大。

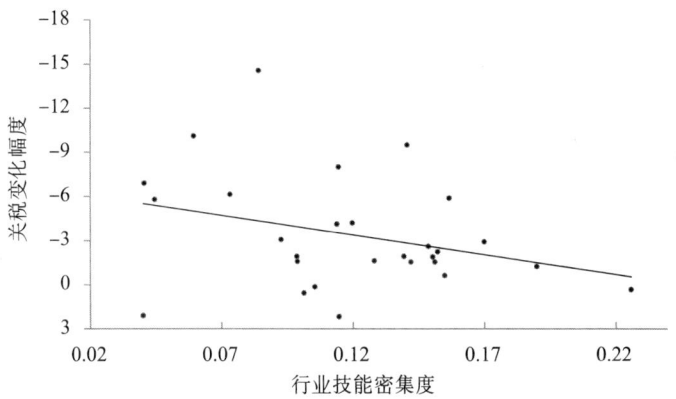

图 5-3　中国制造业行业关税变化幅度（2002—2011 年）

为消除关税期初水平对关税削减的影响，即原有税率高的行业可获得更大的关税削减空间，原有税率小的行业，即使削减比率很大，但幅度依旧不显著的问题。对关税税率变化率进行观察，见图 5-4。该图纵坐标衡量制造业各行业关税在 2001—2011 年间的变化百分比，图形显示关税削减同样的变化规律，向下倾斜的拟合线表明以关税变化率衡量，关税削减依旧表现出非技能偏向型特征。

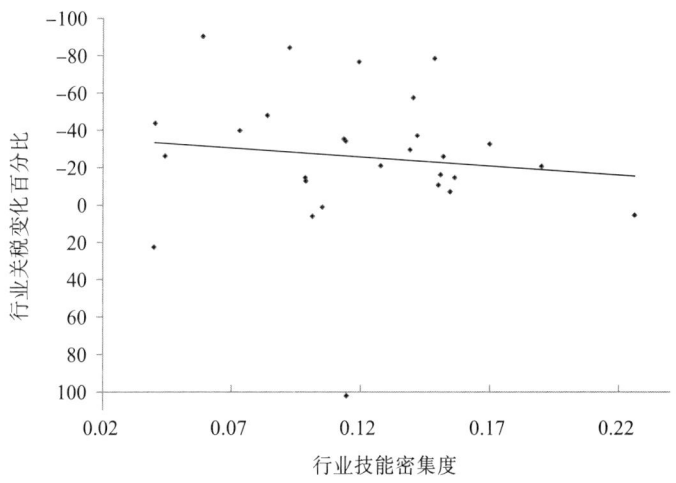

图 5-4 中国制造业行业关税变化百分比（2002—2011 年）

由此，不论是关税削减幅度还是削减率，中国加入世界贸易组织后的关税削减都呈现非技能偏向型特征，即在非技能行业中削减幅度更大。在小国经济体的假设下，一国进口价格为国际市场价格，本国关税削减不会对进口价格产生影响，进口产品的国内价格将与关税调整幅度做等幅调整，即关税削减导致进口产品的国内价格同幅下降。由于关税削减在非技能密集型产品更为显著，这些产品的国内价格也将下调更为明显，从而导致非技能密集型产品的相对价格下降，根据 SS 理论，产品价格最终会影响要素价格，非技能劳动密集型产品相对价格下降，将会导致在这些行业生产过程中密集使用的生产要素价格下降，即非技能劳动力工资下降。关税削减导致的工资水平的变动正好是中国加入 WTO 后相对工资的变化特征之一，即与相对工资在 2001—2005 年上涨相吻合。

第四节

中国关税的行业内工资差距效应研究

对中国关税削减的非技能劳动密集型行业偏向型波动特征的发现,开阔了关税如何影响技能溢价的研究思路,激发了对这种偏向型的关税削减是否影响产品价格,进而对技能劳动力和非技能劳动力的相对工资水平产生影响的研究兴趣,由此,对此问题进行进一步深入探讨。区别于以往研究中大多将关税与相对工资水平直接关联的分析方法,本书采用"授权工资调整"(mandated‑wage)方法(Haskel & Slaughter, 2001),该方法认为关税通过商品价格渠道,即通过影响商品价格进而影响技能劳动力相对工资水平。具体而言,关税波动通过关税进口价格传递效应,影响进口商品价格,进而通过竞争效应影响国内同类商品价格,国内商品价格的波动发挥资源引导和配置作用,对生产要素的相对价格产生影响,进而改变技能劳动力和非技能劳动力的相对工资水平①。如果非技能劳动密集产品偏向型的关税削减导致非技能劳动密集型的商品相对价格下降,非技能劳动力的相对收入也会下降,即技能溢价上升。

---

① 本节研究参考徐和欧阳(2017)。

一、研究模型构建

(一) 模型理论基础

哈斯克尔和斯劳特（Haskel & Slaughter，2001）在完全竞争市场框架下，构建理论模型并作如下假设：

1. 假设经济体是由一系列技能密集度不同的生产部门组成的，部门间的要素流动是自由的，以保证各个部门的要素价格一致和部门正常利润为零。

2. 收入差距变化受到衡量国际贸易的商品价格变化是否是部门偏向型的影响，即首先需要分析价格变化是否只是存在于个别部门中，如技能密集型或是非技能密集型的部门中，或者价格变化是否存在部门差异性。

在假设的经济体中，当商品价格发生变化时，部门利润随之发生变化，因为假设部门间要素的完全流动性，在部门利润变化的情况下，生产要素会在部门间自由流动，进而产生了生产要素供求上的变化，为实现完全竞争条件下各部门正常利润为零的条件，生产要素的价格必然随之发生改变，即这种供求变化最终导致相对收入差距的变化，也就是说，商品价格的变化最终导致了相对收入的变化。

假设经济社会中共生产 I 种不同的可贸易商品，每种商品需要 J 种生产要素和 I 种中间投入品，假设生产部门正常利润为零，则各个部门的商品价格都等于其平均成本。对于部门 i 来说，正常利润为零的条件可以表达为：

$$p_i^G = \sum_{j \in J} a_{ji} w_j + \sum_{i \in I} b_{ii} p_i^G, \quad i = 1, \cdots, I \quad (5.10)$$

式 (5.10) 中，p_i^G 是商品 i 的国内价格；w_j 是第 j 种投入的单位成本；a_{ji} 代表每单位商品 i 产出所需的生产要素 j 的投入量；b_{ii} 是每单位商品 i 产出所需的中间投入品。由于该

经济体共生产 I 种不同商品，式（5.10）中包含 I 个等式。针对该模型设置，有三点需要强调：（1）正如模型假设1所言，该模型假设生产要素在部门间完全流动，不同部门生产要素的相对价格是一致的，因此式（5.10）中的 w 没有部门 i 的下标；（2）不同部门的要素密集度不同，公式中参数 a_{ji} 和 b_{ii} 将随着部门不同而变化，并最终由该部门的生产技术和要素成本来决定；（3）在小型开放经济中，p_i^G 同样也是世界价格。

式（5.10）对时间变量做全微分，获得如下表达式：

$$\Delta \ln p_{it}^{VA} + \Delta \log TFP_{it} = \sum_{j \in J} V_{jit} \Delta \log w_{jt} \quad (5.11)$$

式（5.11）中，$\Delta \ln p_{it}^{VA} = \Delta \log p_{it}^G - \sum V_{jit} \Delta \log p_{it}^G$，衡量的是商品价值增值部分的变化率，可理解为商品增值价格；$\Delta \log TFP_{it}$ 表示部门 i 全要素生产率的增长率；V_{jit} 是时期 t 生产要素 j 的费用占部门 i 的生产成本的比例；$\Delta \log w_{jt}$ 是指生产要素 j 的要素价格的变化率。式（5.11）说明了当商品增值价格（$\Delta \ln p_{it}^{VA}$）或全要素生产率（$\Delta \log TFP_{it}$）变化时，生产要素价格应如何调整以便能恢复经济体各部门的零利润均衡状态。该式所呈现的要素价格与由商品增值价格和生产技术因素导致的要素需求之间的联系，将是本节计量模型与应用分析的基石。

（二）分析模型的建立

在以往的实证研究中，大多数作者只是将贸易变量作为外生性变量来研究其对收入差距的影响程度，这些研究往往假设收入差距是由贸易直接作用形成的。本章借鉴了哈斯克尔和斯劳特（Haskel & Slaughter，2003）的研究方法，将以商品价格衡量的国际贸易因素内生化，商品价格受到一系列经济因素的影响，这些经济因素通过贸易渠道，即通过影响商品增值价格，进一步间接影响要素收入。

1. "授权工资调整"(mandated - wage)方法

在商品增值价格内生设定下,利用两阶段回归法,对关税的工资效应进行研究。第一阶段,使用一系列经济因素解释商品增值价格的变化率,$\Delta \ln p_{it}^{VA}$。在本书中,考虑3个生产要素,技能劳动力、非技能劳动力和资本,由此,商品增值价格是商品价格剔除技能劳动力工资、非技能劳动力工资和资本价格影响之后,商品价值增值部分的价格。第二阶段将影响商品增值价格的各种因素的解释贡献份额作为因变量,分别对各生产要素,即技能劳动力、非技能劳动力和资本的生产成本份额做回归。

第一阶段,建立回归方程如下:

$$\Delta \ln p_{it}^{VA} = \sum_{pri \in S_{pri}} Z_{pri,it} \delta_{pri,t} + \varepsilon_{it} \qquad (5.12)$$

式(5.12)中,$Z_{pri,it}$ 是可能影响商品价格的经济因素;$\delta_{pri,t}$ 是要估计的系数。

第二阶段将影响商品增值价格的各种因素的解释贡献份额作为因变量,分别对3个生产要素的成本份额进行回归,建立回归方程如下:

$$\widehat{\delta}_{pri} Z_{pri,it} = V_{it}^{Skilled} \gamma_s + V_{it}^{Unskilled} \gamma_u + V_{it}^{Capital} \gamma_k + \varepsilon_{it} \quad (5.13)$$

式(5.13)中,$Z_{pri,it}$ 是第一步回归中的解释变量;$\widehat{\delta}_{pri}$ 是第一步回归结果中得到的各变量的系数;两者的乘积代表各影响因素对商品增值价格的解释力度;$V_{it}^{Skilled}$ 表示行业 i 在时间 t 时,技能劳动力成本在商品增值价值部分中的份额,$V_{it}^{Unskilled}$ 和 $V_{it}^{Capital}$ 分别表示非技能劳动力成本和资本成本占商品增值价值中的份额,由于商品增值价值等于3个生产要素成本之和,因此,3个要素份额加总为1;ε_{it} 为随机误差项。根据模型设定,式(5.13)回归探讨各经济因素是如何通过商品增值价格间接影响要素收入变化,要素份额的系数 γ 给出由于各经济因素变动导致生产要素价格的"授权调整"

幅度。

2. 回归模型确定

第一个阶段是将商品增值价格对各影响因素进行回归，在影响因素中，既考虑贸易相关的因素，如进口关税、汇率和商品世界价格，还考虑行业相关的国内因素，如行业生产率、市场结构和生产成本。将这些影响因素的增长率代入回归方程（5.12）中，得到如下第一阶段回归方程：

$$\Delta \ln p_{it}^{VA} = \beta_0 + \beta_1 \Delta \ln Tariff_{it} + \beta_2 \Delta \ln REER_{it} + \beta_3 \Delta \ln(PPI_{it}^{US}) + \beta_4 \Delta \ln(Cost_{it}) + \beta_5 \Delta \ln(TFP_{it}) + FE_i + \varepsilon_{it} \quad (5.14)$$

式（5.14）中，$\Delta \ln Tariff_{it}$ 表示行业 i 在 t 年关税变化的百分率；$\Delta \ln REER_{it}$ 表示中国实际有效汇率的变化率，$REER_{it}$ 数值增加表示人民币升值；$\Delta \ln(PPI_{it}^{US})$ 是以美国生产者价格指数（PPI）衡量的国际商品价格，选择美国价格指数是因为美国国内市场对国际价格影响较为显著；$\Delta \ln(Cost_{it})$ 表示制造业生产成本的变化百分率，以制造业各行业的原材料购进价格指数表示；$\Delta \ln TFP_{it}$ 表示各行业生产率；FE_i 为行业固定效应；ε_{it} 为误差项。

根据芬斯特拉（Feenstra，1989；2003）和坎帕和戈尔德堡（Campa & Goldberg，2005），关税的价格传递程度受商品市场和行业结构特征的影响，其传递率的大小在不同行业中存在差异。因此，将关税 $\Delta \ln Tariff_{it}$ 与市场和行业的特征变量相乘，获得交互项后，代入回归中作为解释变量，以验证特征变量是否在关税传递中发挥作用，构建如下方程：

$$\Delta \ln p_{it}^{VA} = \beta_0 + \beta_{11} \Delta \ln Tariff_{it} + \beta_{12}(\Delta \ln Tariff_{it} \times Industry_{it}) + \beta_2 \Delta \ln REER_{it} + \beta_3 \Delta \ln(PPI_{it}^{US}) + \beta_4 \Delta \ln(Cost_{it}) + \beta_5 \Delta \ln(TFP_{it}) + FE_i + \varepsilon_{it} \quad (5.15)$$

式中，$Industry_{it}$ 包括 3 个贸易相关的指标。进口份额 $Import_{it}$ 表示进口额占国内产值的比重，反映国际市场对国内市场的影响能力，进口份额增加表明国内市场对国际市场供给的依赖性增强,可能导致国内受国际市场影响更大。如果国内市场过多依赖国际市场,可能会损害国内企业对市场价格的控制力,进而关税波动将更容易传递到国内市场,引起国内商品价格的波动,由此,关税的国内价格传递程度将提高。但是,如果国外市场是垄断的,关税削减可能会增加外国生产企业的利润,外国生产企业会提高本国产品售价,进而导致关税的国内价格传递程度削减。因此,综合效果将由上述两个方向相反的作用进行力量对比决定,在研究中则表现为是个实证问题。$TradeW_{it}$ 表示中国贸易占世界贸易额的比重,关税传递程度同样受该比重的影响,中国的贸易额比重越大,中国市场影响国际市场价格的力度越强,关税的国内价格传递程度也削弱。产业内贸易理论强调,产品差异化程度影响产品价格的决定和传递。IIT_{it} 为产业内贸易指数(Index of Intra-industry Trade),用以衡量贸易产品的异质性程度,IIT 的取值范围为 0 到 1,数值越大,表明产业内贸易程度越大,产品差异性程度越大。同质性较强的商品往往导致国内企业对市场价格的控制力较弱,因此,关税的国内价格传递程度较高,而产品异质性较强,则关税的价格传递程度较低。

为考察行业特征变量的影响,$Industry_{it}$ 中还分别加入 3 个行业变量,考虑其与关税的交互项。资本劳动比 $(K/L)_{it}$ 衡量各行业的资本密集程度,较高的资本密集度可能更容易阻止新企业的进入,由此,高资本密集度将导致较低水平的关税传导(Bain,1956)。不同所有制企业在决策效率、应对市场竞争的灵活度和适应性方面存在较大差异。$State_{it}$ 衡量国有企业市场份额,国有企业具有资金、人才等经营优势,但是,国企拥有的技术与利润导致其在维持固定市场和技术上存在一定惰性和惯性,在市场上灵活定价的策略使用较少,国有企业市场份额的萎缩可以增强国内市场对价格的控制能力，国内企业可以更有效的使用灵活的定价策略阻挡国外商品的竞争（Zhao，2001）。由此，国有企业市场份额的下降将有助于激发国内市场竞争，削弱关税对国内价格的传递程度。行业集中度（$Conc_{it}$）也叫市场集中度，是指市场上的某种行业内少数企业的生产量、销售量、资产总额等方面对某一行业的支配程度，可以衡量行业竞争或垄断程度，一般是用这几家企业的某一指标占该行业总量的百分比来表示。现代经济学认为，一个行业的竞争和垄断程度极大地影响这个行业的企业行为，其中包括产品价格的确定。通常认为与垄断程度有关的因素有：（1）企业的规模，企业规模越大，其控制产品市场价格的能力越强；（2）大企业的数量，规模较大企业的数量越多，它们联合起来垄断市场就越容易，获得的垄断利润就越高，因此联合起来垄断市场的可能性越高，其控制价格的可能性也就越大；（3）市场的容量，市场越大，企业数目越多，大企业的控制能力就相对较小。综合以上因素，本书借助行业集中度这一指标衡量行业垄断程度，以大中型企业产值与行业总产值之比表示，行业集中度高表示该行业不是完全竞争状态，可能存在行业垄断，那么，商品价格就会受到影响。这一指标越高表示该行业产品的生产在大中型企业的集中程度越高，产品价格更多受到来自该类企业的影响，将降低行业竞争程度，削弱关税的国内价格传递程度。

根据模型设定，第二阶段回归将影响因素与第一阶段回归得到的系数相乘，获得各影响因素对商品增值价格的解释贡献度作为因变量，然后分别对三种生产要素在生产总成本中的份额做回归，得到的估计值即为各影响因素通过商品增值价格对生产要素收入的影响量。以关税变化为例，第一阶段获得 $\hat{\beta}_1 \Delta \ln Tariff_{it}$，第二阶段回归为 $\hat{\beta}_1 \Delta \ln Tariff_{it} = V_{it}^{Skilled} \gamma_s + V_{it}^{Unskilled} \gamma_u + V_{it}^{Capital} \gamma_k + e_{it}$，估计系数 γ_s，γ_u 和 γ_k

给出相应的通过商品价格渠道,关税变化对各生产要素价格的影响幅度。在方程中加入特征变量与关税的相互项后,第二阶段回归的因变量则为 $\hat{\beta}_{11} \Delta \ln Tariff_{it} + \hat{\beta}_{12} (\Delta \ln Tariff_{it} \times Industry_{it})$。

以上各式即为本书进行回归分析的基本模型。

二、变量的选择和数据来源

制造业行业关税数据来自本书第四章。美国生产者价格指数来自美国劳工统计局(US Bureau of Labor Statistics,BLS),BLS根据北美行业分类标准(North American Industry Classification System,NAICS)公布4位数的制造业行业生产者价格数据,本书将NAICS标准数据与中国行业标准相匹配,获得相应制造业行业国际商品价格。中国实际有效汇率来自国际货币基金组织的IFS数据库,制造业各行业生产率的计算方法见附录4。国有企业占比 $State_{it}$,以国有控股企业营业收入占全部企业产值比重衡量。行业集中度 $Conc_{it}$,以大中型企业产值占全部企业产值比重衡量,衡量产品异质性程度的指标 IIT_{it} ,以 $|X - M|/|X + M|$ 计算而得,其中 X 和 M 分别表示某一特定产业或某一类商品的出口额和进口额,并且对 $X - M$ 取绝对值。进出口贸易数据来自联合国UN - Comtrade 数据库。

根据SS定理,一国开放本国市场后,商品的国际流动引致要素价格的趋同是基于长期而言得出的结论,由此,使用5年滚动年份作为计算 $\Delta \ln p_{it}^{VA}$ 的期限,即第一组数据为2002—2007年的增值价格变动率,第二组数据为2003—2008年间的增值价格变化率,依次类推。其他变量的变化百分比数据的计算依据同样的规则处理。对于三种生产要素的成本数据构建,为尽量避免内生性问题,使用的每个滚动期间的第一年数据。

三、实证分析

(一) 以关税变化率为解释变量的回归结果

由于国内商品价格作为市场信号,会引导行业生产率的变化,在第一阶段回归中,将行业生产率 TFP 作为解释变量存在一定的内生性,在回归中对其使用工具变量控制其内生性影响。工具变量包括美国制造业的全要素生产率、制造业各行业 R&D 支出的增长率、技术改造和技术获取支出的增长率。希夫 (Shea, 1997) 局部 R^2 和汉森·J (Hansen J) 检验均显示,工具变量通过其合理性假设检验,即工具变量与内生变量相关,与干扰性不相关。第一阶段回归使用控制了异方差和自相关的两阶段 GMM 回归方法。

根据式 (5.14) 和式 (5.15),利用 2001—2011 年中国制造业行业相关数据,对第一阶段商品价格方程进行回归,探讨关税变化以及诸多贸易和行业因素如何对关税的国内价格传递程度产生影响,回归结果见表 5-1。表 5-1 中第 (1) 列仅考虑关税的影响,不考虑特征变量与关税变化的交互项,第 (2) —第 (7) 列依次单独加入贸易或行业的特征变量,考虑其与关税的交互项的影响。从表 5-1 中获得的主要信息是,在引入贸易和行业特征变量的影响后,关税削减对产品价格影响的显著性水平得到了加强。这表明关税对价格的传递程度确实受到贸易和行业特征的影响,关税的价格传递程度在不同行业中存在较大差异。由于关税的系数和关税与特征变量交互项的系数符号相反,关税变化对商品价格的最终影响取决于行业特征值的大小。如根据第 3 列显示,求解 $\Delta \ln P_{it}$ 对 $\Delta \ln Tariff_{it}$ 的偏导,等于 $0.0615 - 1.583 \times TradeW_{it}$,这表明中国贸易额占全球贸易额比重较大

表 5－1　商品价格的回归结果（第一阶段）

被解释变量：$\Delta \ln P_{it}^{VA}$

两步 GMM 回归 $Industry_{it} =$	(1) None	(2) $Import_{it}$	(3) $TradeW_{it}$	(4) IIT_{it}	(5) $(K/L)_{it}$	(6) $State_{it}$	(7) $Conc_{it}$
$\Delta \ln Tariff_{it}$	-0.0148	0.00720	0.0615	-0.0538**	-0.0769***	-0.0371**	-0.0460
	(0.0168)	(0.0203)	(0.0452)	(0.0265)	(0.0213)	(0.0188)	(0.0325)
$\Delta \ln Tariff_{it} \times Industry_{i,t}$	—	-0.408*	-1.583*	0.0706	0.145***	0.156	0.0730
		(0.210)	(0.883)	(0.0493)	(0.0493)	(0.132)	(0.0716)
$\Delta \ln(REER_{it})$	0.155	0.225	0.0931	0.0459	0.241	0.144	0.171
	(0.268)	(0.249)	(0.233)	(0.229)	(0.259)	(0.267)	(0.277)
$\Delta \ln(PPI_{it}^{US})$	0.665***	0.661***	0.609***	0.661***	0.679***	0.653***	0.670***
	(0.0576)	(0.0550)	(0.0509)	(0.0537)	(0.0559)	(0.0644)	(0.0585)
$\Delta \ln(Cost_{it})$	0.188**	0.206***	0.218***	0.176***	0.204***	0.187**	0.185**
	(0.0804)	(0.0786)	(0.0795)	(0.0774)	(0.0793)	(0.0816)	(0.0808)
$\Delta \ln(TFP_{it})$	0.289	0.274	0.148	0.130	0.310	0.324	0.331
	(0.322)	(0.310)	(0.261)	(0.261)	(0.298)	(0.326)	(0.335)
样本量	168	168	168	168	168	168	168
行业数目	28	28	28	28	28	28	28
R-squared	0.522	0.540	0.563	0.546	0.544	0.526	0.520
Shea Partial R^2	0.1257	0.1289	0.1434	0.1728	0.1245	0.1147	0.1166
[p-value]	[0.0014]	[0.0011]	[0.0004]	[0.0000]	[0.0017]	[0.0023]	[0.0026]
Hansen J Statistic	3.920	3.682	5.546	4.835	3.799	4.407	4.110
[p-value]	[0.1408]	[0.1587]	[0.0625]	[0.0891]	[0.1497]	[0.1104]	[0.1281]

注：*、** 和 *** 分别表示 10%、5% 和 1% 的显著性水平。控制行业和年度固定效应，篇幅考虑，未在本表中列出。括号内为标准误。

的制造业行业（样本数值计算为超过 3.89%），关税变化对商品价格波动将产生负向影响，而中国贸易额所占比重较小的行业，关税变化则正向影响商品价格的波动。进口份额 $Import_{it}$ 与关税变化的交互项的系数显著为负，这表明进口份额越高，关税的国内价格传递程度越低。进口额占国内产值的比重越大，国内市场对进口产品的依赖性越强，外国企业有更多机会获取市场份额，对市场价格的影响力度越大，在关税削减的条件下，外国企业可以提高其产品售价的方式，增加其自身利润水平，将关税削减的红利更多保留在企业内部，更少传递给国内市场。此外，尽管产品的异质性特征越强的产品的关税传递程度应越大，但表中结果显示 IIT 的影响并不显著。

行业特征变量中，资本劳动比 $(K/L)_{it}$ 与关税变化交互项的系数显著为正，求解 $\Delta \ln P_{it}$ 对 $\Delta \ln Tariff_{it}$ 的偏导，等于 $-0.0769 + 0.145 \times (K/L)_{it}$，表明资本劳动比例不仅显著影响着关税的国内价格传递程度，而且其影响方式表现为资本密集度越高的行业，其关税的国内价格传递程度越高，而之前的理论预期是资本密集度增强将导致关税的价格传递程度削弱，实证结果与理论预期方向相反。对该结果的可能解释是，考虑中国是劳动相对充裕型国家，与中国存在贸易往来的外国企业平均而言，规模较大，生产率也较高（Melitz，2003），由此，资本密集度增加将有效阻碍中国的新企业进入该行业，而无法对境外企业发挥显著的阻碍作用，由此导致关税更多的传导给国内价格。国企份额 $State_{it}$ 和行业集中度 $Conc_{it}$ 与关税的交互项的系数均为正，但并不显著。

以美国价格衡量的世界价格水平 PPI_{it}^{US} 对国内商品价格产生显著影响，其显著性在所有回归中高度一致，这表明中国国内市场与国际市场关系非常紧密。国内生产成本 $Cost_{it}$ 也显著推升产品价格。真实有效汇率对商品价格的影响并不显著,这说明有效汇率与国内市场价格间相互关联性不强。行业生产率的影响也不显著,其原因可能是行业生产率更多作用于改变生产过程中要素投入组合,将要素投入价格从商品价格中剔除后,剩余信息与行业生产率关系弱化。

根据模型设置,为获得关税等各经济因素如何通过商品价格渠道,影响各生产要素的价格,尤其是技能工资与非技能工资的差距,还需要进行第二阶段回归。以第一阶段获得的回归系数所计算出的对商品价格的解释贡献度,作为第二阶段的因变量,对3个生产要素的成本份额进行回归,得到表5-2所示的结果。表5-2中仅显示关税变化通过影响商品增值价格渠道,进而影响技能工资、非技能工资和资本收益的信息,其中第一列数据不包含贸易或行业特征变量,其余各列分别考虑单个特征变量的影响。关税变化不论是仅通过自身影响,还是通过特征变量叠加影响,对技能溢价产生了高度一致的显著性结果,即关税变化显著提高了技能劳动力工资,而对非技能劳动力,则表现为降低了其工资水平。进一步对工资差距进行研究,技能工资与非技能工资的差距以 $V_{it}^{Skilled}$ 和 $V_{it}^{Unskilled}$ 的系数相减 $\gamma_s - \gamma_u$ 来表示,对该差值进行显著性检验,表格中最下方一行的显著性表明,所有情形下,关税均显著加大了工资差距。这与之前关于关税对工资差距的影响的推测相吻合,即加入世界贸易组织后关税削减提高了工资差距,即技能溢价增加。具体作用渠道分析,中国贸易额占全球贸易额比重和中国进口贸易占国内产值比重对产品价格的负向作用在技能劳动密集型行业更为显著,关税削减提高了技能密集产品的相对价格,技能劳动力相对工资上涨;而资本劳动比对产品价格的正向作用在非技能劳动力密集型行业更为突出,关税削减导致非技能密集产品相对价格下降,非技能劳动力相对工资下调,进而技能溢价增加。

表 5-2　关税变化的工资强制调整回归（第二阶段）

被解释变量：$\Delta\ln Tariff_{it} + \Delta\ln Tariff_{it} \times Industry_{it}$

$Industry_{it}=$	(1) None	(2) $Import_{it}$	(3) $TradeW_{it}$	(4) IIT_{it}	(5) $(K/L)_{it}$	(6) $State_{it}$	(7) $Conc_{it}$
$V_{it}^{Skilled}$	0.0278***	0.0435*	0.0539*	0.0557***	0.108***	0.0369***	0.0377***
	(0.00698)	(0.0223)	(0.0297)	(0.0194)	(0.0237)	(0.0130)	(0.0106)
$V_{it}^{Unskilled}$	-0.0048***	-0.00897*	-0.00981	-0.00686	-0.0256***	-0.000772	-0.00368*
	(0.00154)	(0.00497)	(0.00719)	(0.00415)	(0.00444)	(0.00315)	(0.00190)
$V_{it}^{Capital}$	0.00327	0.0164**	0.0128	0.000841	0.0131**	-0.00543	-0.00347
	(0.00269)	(0.00779)	(0.00833)	(0.00455)	(0.00616)	(0.00394)	(0.00258)
样本量	168	168	168	168	168	168	168
R-squared	0.188	0.221	0.127	0.137	0.285	0.057	0.084
工资差距$(\gamma_s - \gamma_u)$	0.0326***	0.0525**	0.0637*	0.0625***	0.1339***	0.0377***	0.0414***
$[\chi^2\text{值}]$	[19.20]	[4.99]	[3.78]	[8.87]	[26.63]	[7.16]	[12.49]

注：*、**和***分别表示10%、5%和1%的显著性水平。控制行业和年度固定效应，篇幅考虑，未在表中列出。括号内为标准误。

进口份额 $Import_{it}$ 与关税的交互作用在扩大技能劳动力相对工资的同时，也提高了资本收益，由表 5-1 分析已知，进口份额对关税国内价格传递是负向影响，其可能原因是中国进口商品面对的国外市场更具有垄断倾向，关税削减促使外国生产企业提高产品售价和利润，降低关税价格传递程度。进口份额越大的行业受此影响越大，即关税削减所带来的国内价格削减幅度越小。当该影响更多作用在技能密集型行业时，该类产品国内相对价格将上升，技能劳动力相对工资上涨，考虑技能劳动力与资本之间的互补性强于非技能劳动力，技能劳动力工资的提升将拉动资本收益上涨，由此，中国入世 10 余年间，行业进口份额越大，关税对提高技能溢价和资本收益作用越强。衡量资本密集度的资本劳动比 $(K/L)_{it}$ 也促进了技能溢价和资本收益的提高。资本密集度增加有助于提高关税的国内价格传递，资本密集度越高的行业，关税削减导致的国内商品价格下降幅度越大。当该影响更多作用在非技能劳动密集型行业时，该类产品国内相对价格下降，进而降低对非技能劳动力的市场需求，非技能劳动力相对工资下调，同时，考虑非技能劳动力与资本之间的替代性较强，资本需求增加将拉动资本收益上涨，由此，对非技能劳动力密集的行业而言，资本密集度越高，关税对提高技能溢价和资本收益作用越强，而对技能劳动力密集行业来说，资本密集度的辅助促进作用则不明显。

（二）稳健型检验

将真实有效汇率分别替换为名义有效汇率和人民币兑美元名义汇率对模型结果进行稳健型检验，回归结果依旧支持关税对工资差距的显著扩大作用，其他变量的影响没有显著改变。考虑生产率的不显著性影响，将美国的全要素生产率替换为日本的行业生产率数据作为工具变量，结果也无显著改变。

四、结论与政策建议

中国作为非技能劳动充裕型国家，在加入WTO后，根据SS定理，要素价格的变化应表现为技能劳动力工资下降，非技能劳动力工资上涨，相对工资水平下降。中国实际数据显示，长期来看相对工资水平波动符合理论预期，即技能溢价下降。但短期来看，技能溢价在中国加入WTO之初展现上升趋势，而中国为履行加入世界贸易组织关税削减承诺所做的关税调整能对此给予合理的解释。

从国际贸易角度入手，以关税作为研究对象，中国加入WTO至完成加入世界贸易组织关税削减承诺期间，关税水平的调整不论是关税削减幅度还是变化率，都呈现非技能劳动偏向型特征，即在非技能劳动力密集型行业中削减程度更大。在关税对进口价格存在传递的情形下，中国关税削减将降低进口产品的国内价格。由于关税削减在非技能劳动密集型产品更为显著，伴随关税的国内商品价格传递，非技能密集型产品的相对价格下降。通过产品价格向要素价格的传导机制，在非技能劳动密集型产品生产过程中密集使用的生产要素价格下降，即非技能劳动力工资下降。实证研究结果显示，关税削减显著加大了制造业行业内的工资差距，提高了制造业技能溢价，这说明关税是调整收入分配的有效手段，通过关税结构调整，引导商品价格有偏向性的波动，改变生产要素在不同行业间的配置状况，进而影响要素收入水平。

当前中国经济处在制度转型时期，居民收入差距扩大问题是必须重视和亟待解决的重大问题，这对于兼顾公平原则，协调经济整体发展，保障和改善居民福利有着重大意义。影响收入差距的影响是多方面的，关税不仅能成为有效的政策手段，对收入分配产生影响，而且能够依据各行业生产技术、市场结构等不同特征,通过产业差别化的关税调整,实现其政策意图,提高其收入分配政策作用方向的精准性和调整力度的可控性。以缩小技能与非技能劳动力工资差距为政策目标,对于技能密集型行业而言,参与国际贸易程度越深,关税削减越难以发挥其下调国内商品价格的作用,贸易比重相对较小的行业则更能发挥关税的国内价格调节作用,因此,后者可以成为关税政策调整的重点行业;对于非技能劳动密集型行业而言,劳动资本比相对较高的行业可以成为关税政策调整重点关注的行业,其关税削减对产品相对价格影响力度更小,进而对非技能劳动力相对工资的影响更为微弱,因此扩大技能溢价的可能性降低。

第六章

结论与政策建议

第一节 本书主要结论

在对加入世界贸易组织后中国关税政策调整、关税水平和产业结构变化分析的基础上，从效率和公平两个角度，探讨加入世贸组织后中国关税政策调整是否反映国家发展战略？是否降低了关税政策的福利成本？是否有助于培育国内产业的竞争优势？能否调节收入分配，助力社会公平和共同富裕的目标实现？本书得出如下主要结论。

一、关税水平普遍下降，关税政策意图明确，体现产业发展战略

2001 年中国关税总水平为 15.3%，2005 年降至 9.9%，

后续几年的关税削减涉及商品范围有限，对关税总水平的影响不大。2010年中国完成加入世界贸易组织承诺的全部关税减让义务，此后关税水平维持在9.8%，关税政策以产品结构调整为主，总水平调整为辅，更侧重于对税则税目的整理和细化。2018年中国进一步大幅降低关税，关税总水平由9.8%降至7.5%，降税产品范围广，涉及工业品和居民消费品，平均降幅达23%，这是中国入世降税承诺完成后第一次自主较大幅度地降低关税总水平，显示了中国作为全球第二大经济体坚定不移深化改革、扩大开放的决心，是开放福利惠及于民的有效措施，也是降低生产成本、促进产业升级的有力举措。

基于关税水平、贸易限制指数与关税有效保护的多角度分析均能得出结论：中国关税政策在调整产业发展方面政策意图明确，作用方向和调控力度精准，体现产业发展战略。2020年名义关税最低的6个行业，从低到高排名为家具制造、印刷记录、通信设备、非金属矿、木材和医药产品。这些行业的低税率一方面体现了中国在关税制定中贯彻的保护自然资源和环境的准则；另一方面也显示了利用充裕资源、促进产业升级和协调发展以及保障福利惠及于民的政策意图。家具生产需要以木材为原料，而木材资源的大量开采不利于资源和环境保护。为减少对木材资源使用，中国一方面降低家具产品的关税，鼓励家具产品进口，以取代本国生产；另一方面，木材产品也适用低关税，保证该类产品进口以满足国内产业链中以木材为投入品的产品生产需要。该原则也是以纸制品为主要中间投入的印刷记录媒介产品进口关税削减的主要考虑因素。非金属矿属于资源性不可再生产品，其产品适用低关税同样是出于保护资源和环境的目的。通信设备产品适用的关税锐减，反映了政府扩大能促进国内供给体系质量提升的工业品进口的政策意图。医药产品的低关税旨在降低其产品国内售价，鼓励更多国外先进医药产品的进口，满足国内消费者对高质量健康生活的需求。

就贸易限制指数（TRI）而言，农林产品、烟草、食品和纺织品等消费类产品的 TRI 削减幅度较大，有利于增加消费者福利水平，促进消费升级；专业设备和通信设备等技术产品的 TRI 削减显著，有助于促进发展国内高技术产业的工业品进口；家具制造和纸制品行业的 TRI 调整为较低水平，旨在促进进口以替代国内生产，反映其保护本国资源和环境的政策意图。关税有效保护率（ERP）综合了产品自身关税，中间投入品关税以及投入产出系数三方面因素的影响，当中间投入品关税高于产品关税时，产品有效保护率往往低于名义关税，政府政策意图表现为鼓励该产品进口。加入世界贸易组织后，中国 ERP 低于相应名义关税水平的行业增多，包括家具制造、印刷记录媒介、木材加工、纸制品、通信设备、专业设备、医药和化学原料及化学制品等。这些行业都是中国鼓励进口，以实现替代国内生产，促进本国产业升级，或提高消费者福利的政策目标。需重点强调的是行业负有效保护率的出现，当中间投入品关税过高，不仅消除了最终产品关税的影响，还抵消了产品增加值，即最终品和中间投入品价差的作用时，最终产品将受到负的关税保护，这将意味着利用进口中间品生产最终产品不如直接进口最终品，理论上将导致国内停止该最终品的生产，实现进口对国内生产的完全替代，由此，政府可依据产业投入产出关系，布局产业关税结构，通过负关税有效保护的信号作用，鼓励产品进口，限制国内相关产业发展。自 2004 年起，家具制造和印刷记录媒介两部门一直保持负的有效保护率，家具和印刷记录媒介的名义关税分别远低于其主要中间投入木材和纸制品的名义关税，关税的行业差别设置突出了中国在关税政策制定时保护资源和环境的政策意图。

二、关税实际征收率低点徘徊，关税财政收入职能不断弱化

关税的实际征收率可以看作一国经济整体上的实际关税水平。入世以来，中国关税实际征收平均水平为2.33%，仅为名义关税水平的23.5%。偏差的形成有贸易交易主体相机抉择的市场行为的影响，如出口商为增强其产品出口价格优势，根据进口国关税税则，加大享有低关税或优惠关税的商品出口，或进口商为降低进口成本，调整其进口商品结构，更多的进口具有可替代性的低关税产品。此外，名目众多的双边或多边关税优惠政策也造成实际税率远低于名义税率。2020年中国进口需求萎缩，关税收入的下降幅度更为明显，关税实际征收率为1.79%，2021年进口贸易规模有所回调，但关税收入增速较缓，关税实际征收率达到历史最低点的1.62%。

由于关税属于间接税，纳税人可以将税负转嫁给消费者，纳税人容易接受，征税阻力小。因此，在经济发展早期，关税可以成为国家财政收入和外汇的重要来源。然而，随着经济的发展，人们认识到关税阻碍了贸易的自由流通、国际经济的合作与技术交流。加入世界贸易组织后，中国关税税率大幅削减，关税收入在税收总收入所占的比重持续下降，由2001年的5.49%降至2009年的2.49%，2018年更是降至2%以下，2021年达到历史最低点1.62%，这说明关税组织财政收入的职能日益弱化。

三、贸易限制指数持续下降，关税福利无谓损失减少，关税保护成本削减，资源配置效率提高

贸易限制指数（TRI）包含进口加权平均关税，关税方

第六章 结论与政策建议

差和关税与进口需求弹性的协方差三项内容，是一个更为科学合理地衡量贸易保护程度的指标。根据中国 TRI 的分解数据，如果忽略关税方差以及关税与进口需求弹性间的协方差，贸易限制指数将会被低估 50% 左右。加入世界贸易组织后以 TRI 衡量的贸易保护程度在显著下降，TRI 由 2001 年为 20.72% 降至 2018 年的 7.59%，中国对外开放贸易自由度在大幅提升。TRI 与关税简单平均值相比，2001—2004 年 TRI 高于简单平均关税，但之后则大多数年份 TRI 都低于简单平均关税，这表明基于关税税则计算的简单平均关税并没有低估目前中国关税政策的实际限制程度。

关税政策不仅以保护和发展国内产业为目标，还应在关税设置过程中尽量减少关税所造成的资源配置扭曲效应，即把减少关税的福利无谓损失或超额税负作为关税政策的目标。中国在成为 WTO 正式成员国之初，关税设置存在对进口缺乏弹性的进口产品征收高关税的特征，即关税与进口需求弹性呈反比，在同等关税收入水平前提下，此类关税设置有助于降低福利无谓损失。加入世界贸易组织后该特征逐渐消失，关税与产品进口需求弹性多呈正比，但关税与 TRI 的大幅削减发挥主体作用，降低了关税政策的福利无谓损失（DWL）。2001 年关税给整体经济带来福利无谓损失达 2694.4 亿元人民币，2002 年大幅降至 915.7 亿元人民币，之后几年持续下调，于 2005 年降至最低点。在后续几年低位徘徊后，2010 年起 DWL 增长明显，并于 2012 年重新爬升至 2000 亿元大关。由于 DWL 数值与 GDP 正相关，考虑其占 GDP 比重更能揭示关税的福利成本和衡量其经济效率。2001 年关税给整体经济带来的福利无谓损失占 GDP 的 2.43%，2002 年占比降至 0.75%，之后一路下滑至 2008 年和 2009 年的历史低点，2012 年小幅升至 0.41% 后又缓慢下降，2018 年 DWL 占比为 0.31%。由此，从效率角度分析，中国加入世界贸易组织后关税政策的调整显著削减了经济福利无谓损失。

不论是贸易限制指数（TRI），还是关税的福利无谓损失（DWL）占 GDP 比重，在 2008、2009 年均处于历史低点，这说明金融危机爆发后最初几年，关税导致的福利无谓损失占 GDP 比重维持在低位，中国并没有应对金融危机立即做出保护性或资源配置扭曲性关税政策的调整。数据显示，2011 年之后，为应对贸易伙伴国关税与非关税壁垒等限制性措施的层层加码，中国才出台关税反制措施，但其政策调整力度较小，且执行期较短，2014 年后 TRI、DWL 占比又转为下降趋势。由此，加入世界贸易组织后中国的关税政策，总趋势呈现贸易自由化程度不断加深，贸易限制程度日益弱化特征，关税导致的福利无谓损失在 GDP 中所占比重越来越低，关税政策的经济效率提高，中国在坚定不移地执行改革开放政策，贯彻全球自由贸易框架下的国民经济发展思路，致力于在全球合理分工下获取有效资源配置、最大程度促进经济和技术发展。

四、中国关税有效保护显著削减，关税结构设置符合关税升级原理，有助于培养产业竞争力

关税有效保护理论认为，实际资源配置不仅取决于对产品本身的名义保护，还取决于对中间投入品的保护程度以及投入产出系数的影响，关税的有效保护率（ERP）综合这三方面的影响因素，能够准确地衡量一国整套关税结构对本国某产业的实际保护程度。关税有效保护率与关税政策和产业结构密切相关，其变动的行业特征反映中国产业政策的调整方向。自加入世界贸易组织以来，中国有效保护率显著削减，制造业有效保护率平均而言高于名义关税率，说明制造

第六章 结论与政策建议

业产品享有的实际保护程度超过国家提供的名义关税水平。制造业的关税有效保护水平从低到高依次为中间投入品、资本品和消费品，中、高有效保护的产品为处于生产链条较高端的制造业资本品和消费品部门。中间投入品的关税有效保护处于较低水平，这说明政府旨在鼓励中间产品的进口，降低其他部门的生产成本，提高其经济效益。由此，制造业有效保护呈现伴随产业链延伸，加工阶段加深而提高的特征，关税保护结构符合关税升级原理。

以出口导向战略为指导思想，政府往往选择国内生产具有相对优势的产品予以保护，以维持或扩大国内生产规模，强化相应产品的比较优势。因此，对具有比较优势的产品征收较高关税，对不具有比较优势的产品征收较低关税，关税水平与比较优势相一致。中国加入世界贸易组织之初，制造业产品贸易竞争指数与关税有效保护率的关系表明，关税产业保护呈现顺比较优势的结构特征。伴随中国履行入世关税削减承诺，中国外贸发展进入全新篇章，政府在夯实部分具有传统优势的劳动密集型产业发展基础的同时，选择技术密集型、外部效应大的产业为重点产业加以保护和扶持，旨在通过创新来建立和发展优势产业以提高国家国际竞争力。中国完成加入世界贸易组织关税削减承诺后，关税产业保护结构的顺比较优势特征淡化，基于比较优势的贸易结构积极向具有竞争优势的产业结构推进。中国竞争优势行业不再限于劳动密集型消费品为主，制造业中间投入品和资本品竞争优势逐步显现。制造业产业优势动态发展与关税有效保护水平的变化相一致，关税调整有助于产业竞争力的培植，促进了中国现阶段制造业产品贸易竞争结构的形成。

五、关税调整有利于保障低收入消费者福利水平，但提高了行业技能溢价，加大了行业内工资差距，收入调节职能还需进一步完善

中国在成为 WTO 正式成员之初，关税设置表现出对进口缺乏弹性的产品征收相对较高关税的特征，由于缺乏弹性商品往往是生活必需品，该类商品在低收入人群的消费组合中占据更重要的地位，进而低收入人群受损程度更大，不利于公平目标的实现。加入世界贸易组织后关税与产品进口需求弹性多呈正比，从消费者福利角度分析，高需求弹性的奢侈品适用高税率，低需求弹性的生活必需品适用低税率，有利于纠正奢侈品高消费倾向，亦有助于提高低收入群体的福利水平。

与发达国家相比，作为发展中国家，中国的非技能劳动力相对丰裕、技能劳动力相对稀缺。根据要素禀赋定理关于贸易与要素价格关系的推论，伴随加入世界贸易组织后国际贸易的高度发展，中国相对稀缺的技能劳动力相对工资应该下降，而非技能劳动力工资应该上升，国内工资差距缩小。但与其他发展中国家相比，中国的人力资本则具有比较优势。中国作为世界贸易大国，不仅与发达国家贸易往来密切，与其他发展中国家的贸易规模也不容小觑，因此，贸易自由化的日益深化对中国劳动力收入分配的影响是多重的，中国的现实情况复杂化程度往往不能由经典的贸易理论简单解释。

中国加入 WTO 之初，制造业关税显示技能密集度越低的行业，适用的关税水平相对更高，政府的关税政策倾向于保护非技能劳动力密集型制造业行业。加入世界贸易组织后，中国关税削减呈现非技能偏向型特征，即在非技能劳动

力密集行业中削减幅度更大；反之，技能密集度越高，关税削减幅度越小。由于关税削减在非技能劳动密集型产品更为显著，这些产品的国内价格也下调更为明显，从而导致非技能劳动密集型产品的相对价格下降，根据要素禀赋理论，产品价格最终会影响要素价格，非技能劳动密集型产品相对价格的下降，将会导致在该产品生产过程中密集使用的生产要素价格下降，即非技能劳动力工资下降。实证结果进一步验证，加入世界贸易组织后的中国关税削减显著提高了制造业技能溢价，加大了制造业行业内技能劳动力与非技能劳动力的工资差距。

当前中国经济处在制度转型时期，居民收入差距扩大是必须重视和亟待解决的重大问题，这对于兼顾公平原则，协调经济整体发展，保障和改善居民福利有着重大意义。本书实证分析表明关税是调节收入分配的有效手段，通过关税结构调整，引导商品价格有偏向性的波动，能有效改变生产要素在不同行业间的配置状况，影响要素收益。但关税调整降低了非技能劳动力相对工资，而非技能劳动力往往属于较低收入群体，由此，从缩小收入差距，促进收入分配公平角度考量，关税的收入分配职能还需进一步完善。

第二节 政策建议

2008年国际金融危机后，发达经济体的贸易保护主义抬头，"逆全球化"趋势给国际贸易自由化带来重创，以关税为代表的形形色色的贸易保护在当今国际关系中的作用日益加强。单边主义、保护主义、贸易摩擦，迫使全球传统的产业供应链正在加速调整，但新冠肺炎疫情的暴发在一定程度上阻断了这一进程，客观上对中国贸易发展带来了短期利好。2020年，中国贸易顺差达到3.7万亿元，同比增长24.7%，2021年，贸易顺差扩大至4.4万亿元。如何在新冠肺炎疫情重压之下探索适合中国经济发展的道路，并在疫情之后积极应对全球贸易保护主义，实现国民经济的高质量发展，就成为当前迫切需要攻克的重要课题。基于前文研究结论，本书给出如下政策建议：

一、合理利用关税保障经济增长的稳定性、环境的可持续性和社会的公平性，从宏观层面促进经济高质量发展

从宏观层面理解，经济高质量发展包括经济增长稳定，实现绿色发展，让经济发展成果更多更公平惠及全体人民等内容。

高质量发展意味着必须保持经济增速稳定，不能出现大起大落的波动。在全球经贸环境恶化和经济面临下行压力的情况下，2018年中国大幅降低关税，降税产品范围广，涉及工业品和居民消费品。此次自主降税是降低生产成本、促进产业升级的有力举措，对于稳定市场和促进进口发挥了积极作用。后续在全球疫情和贸易保护主义双重压力下，中国还需合理利用关税对经济增长的相机抉择的稳定器作用，通过关税税率、产业结构和专项优惠等措施，烫平经济波动，助力经济增速平稳。绿色发展理念为高质量发展提供了更加丰富、广泛的内涵。高质量发展要求满足人民日益增长的优美生态环境需要。未来关税政策调整需要进一步关注产业发展特点和绿色发展目标，延续并强化目前关税政策设置中贯

第六章 结论与政策建议

彻的保护自然资源和环境的准则,对矿产原料、木材、家具、印刷记录媒介等产品设置合理的关税有效保护,平衡好产业发展和环境保护的关系。

高质量发展把增进民生福祉,促进社会公平作为发展根本目的,由此,合理的关税产业结构安排需兼顾效率与公平。加入世界贸易组织后关税与产品进口需求弹性基本呈现正相关关系,从消费者福利角度分析,该关税设置有利于纠正奢侈品高消费倾向,亦有助于提高低收入群体福利水平。此外,如果高关税多征收在与国内产品未形成竞争关系的进口商品上,或者关税削减重点是与国内行业发展互补的进口商品,关税政策的保护成本和对资源配置的扭曲作用也将低于预期。由此,有必要将进口产品需求弹性、进口品与国内相关产品的竞争性与互补性关系纳入关税设置的考量中,促进效率与公平的动态平衡。

为实现经济发展成果更公平惠及于民,促进社会和谐发展,缩小居民收入差距是首要任务。影响收入差距的因素是多方面的,根据前文对关税收入分配效应的分析,关税不仅能成为有效的政策手段,对收入分配产生影响,而且能够依据各行业生产技术、市场结构等不同特征,通过产业差别化的关税调整,沿着促进公平方向,增强其收入分配政策作用方向的精准性和调整力度的可控性。以缩小技能与非技能劳动力工资差距为政策目标,对于技能密集型行业而言,参与国际贸易程度越深,关税削减越难以发挥其下调国内商品价格的作用,贸易比重相对较小的行业则更能发挥关税的国内价格调节作用。因此,如果以下调技能劳动力相对工资为政策意图,后者可以成为关税政策调整的重点行业;对于非技能劳动密集型行业而言,劳动资本比相对较高的行业可以成为关税政策调整重点关注的行业,其关税削减对产品相对价格影响力度更小,进而对非技能劳动力相对工资的影响更为微弱，扩大技能溢价的可能性降低。

二、充分发挥关税政策作为资源配置次优手段的职能作用，优化产业结构，促进产业升级，从产业层面促进经济高质量发展

从产业层面理解，经济高质量发展是指产业布局优化、结构合理，不断实现转型升级。由此，为实现产业层面的高质量发展，对目前中国经济发展处于何阶段，经济发展有何要求，发展途径有何选择等问题就要有清醒认识和准确把握。

改革开放后，中国采用充分发挥比较优势的农业和轻工业并举的发展战略，取得了较好的发展效果。伴随加入世界贸易组织中国经济进入新发展阶段，自2003年起开始步入重化工业阶段。在这场产业结构变革里，以住房、汽车为代表的高层次消费品需求随着居民收入水平的不断提升而积聚迸发。由于这种需求具有普遍性、确定性和数量总体可预测性，相关生产企业可持续地大规模扩张产能以满足这种确定性高的消费需求，而不用担心产能过剩或产销不对路。这种引致需求通过产业链传导，带动重工业和化工业等基础原材料产业的大发展，进而推动整个国民经济出现一段较长时期的持续高增长阶段。但重化工业阶段在给当前中国经济带来稳定增长的同时，现阶段中高层次需求释放并得到满足后，如何激发并引导新消费需求，又如何保证相应的供给能力，这些问题就给经济后续发展带来了严峻的挑战。实施创新驱动发展战略，是促进我国产业转型发展的需要，是支撑消费升级的需要。鼓励和促进技术类产品的进口能从需求和供给两大渠道有效应对后重化工业阶段发展要求，通过创新驱动实现转型升级，保证经济持续稳定增长。技术可以将人们的

第六章 结论与政策建议

潜在需要转化为现实需求,各种潜在的需要能否转化为现实的需求,关键在于是否存在具体的商品来满足这些需要。技术的发展和进步,资源利用方式和效率不断优化,得以促进生产的商品种类不断丰富和质量更多层次,多元化的商品在满足人们需求的情况下,又激发新的商品需求不断涌现。由此,理顺本国企业获得从国外进口的中间产品和技术专利等的渠道,在这些产品的关税设置上选择相对较低水平,加大该类产品的进口,一方面技术类产品的引入以及由此带来的技术消化和吸收,能有效提升国内科学技术水平;另一方面,降低国内企业技术改进成本,强化其对技术投入的意愿,促进企业在中高端消费、创新引领等领域培育新的增长点、形成新动能。

对本国具有比较优势的产业,在进口关税环节的设置上也需谨慎。中国轻工业、劳动密集型产品具有比较优势,是相对于发达国家而言,随着经济发展,中国劳动力成本不断攀升,劳动力成本优势相对于其他发展中国家而言,正逐渐消失。近几年中美贸易摩擦更是降低了劳动密集型的纺织品、服装和皮革制品业的有效保护率,加重这些行业发展压力。因此,对部分劳动密集型产业,应提供相对稳定的关税保护,减少来自其他发展中国家的竞争威胁,减少对就业造成的冲击,维持国内大规模生产,在实现就业的同时,以规模效应强化中国比较优势。

关税有效保护率是引导资源分配的重要指标,资源从低收益部门向高利润部门转移,即流向有效保护率高的行业。利用上下游产业间的关联度,形成差别化的产业关税结构,可以增强关税政策调整产业发展方面的灵活性,促进产业结构调整和产业发展。对国家重点扶持的行业,可以在固定或者微调其名义关税的同时,通过更大幅度的下调上游产业的关税,维持或增强该类行业所享有的有效保护水平。为保证产业间协调发展，需谨慎对待产业关联性强行业，如化学原料制品等的关税水平的调整，确保相关产品的自给率，避免给供给侧改革带来不利影响。

三、努力构建开放的国内国际双循环新发展格局，以国内大循环为基础和主体，强化开放合作，坚持更宽领域和更深层次的对外开放

改革开放以来，特别是加入世贸组织后，中国发挥劳动力、土地等成本优势，通过大力发展加工贸易，承接劳动密集型国际产业转移，融入全球产业分工体系，形成市场和资源"两头在外"发展模式，推动了经济高速增长。但2008年国际金融危机后，世界经济陷入持续低迷，国际贸易增速大幅放缓，依靠出口带动经济面临的困难阻力越来越大。此外，中国劳动力成本快速上升，资源环境约束趋紧，传统竞争优势显著削弱。贸易保护主义抬头和传统竞争优势弱化的双重压力下，中国必须客观审视出口导向和外向型发展战略的阶段性和局限性，适时调整"两头在外"参与国际大循环的发展模式。

构建以国内大循环为主体，国内国际双循环相互促进的新发展格局，是中国立足当前，研判大势，应对国内外环境深刻变化的战略举措。作为一个大规模的经济体，大国经济的重要优势就是内部可循环。中国需利用超大规模市场优势，打破行业垄断和地方保护，畅通国内大循环，使规模效应和集聚效应充分发挥，为世界各国提供更加广阔的市场机会，吸引全球商品和资源要素，打造新的国际合作和竞争优势。同时，扩大内需，通过生产更多样化商品将消费留在国内市场，建设更多类似海南免税区的消费特区以满足人民对于消费品升级的需求。要坚持开放合作的双循环，通过强化开放合

第六章 结论与政策建议

作,参与国际循环,更好地联通国际国内两个市场、两种资源,提升国内大循环的效率和水平,为国内大循环注入新动力。可以说,推动双循环必须坚持更宽领域和更深层次的对外开放。

四、坚持多元化战略,加快推进双多边自由贸易进程,推进更高水平的区域经济一体化

坚持实施国际市场多元化战略,共商共建共享"一带一路"倡议高质量发展的成果,巩固和加强资金、技术、人才、管理等生产要素与发展中国家以及西方发达国家的经贸往来和交融合作。进一步扩大市场准入,创造更加公平的市场环境,在更高水平上引进外资。加快推进贸易创新发展,提升出口质量,扩大进口,促进经常项目和国际收支基本平衡。从推进全球自由贸易进程出发,中国需要积极参与和引领建设开放、包容、共享、均衡的区域性和全球性服务贸易协定,引领新兴经济体和发展中国家平等参与区域和全球服务贸易体系建设。

继续维护多边贸易体制,加快推动多边、双边自由贸易协定谈判进程,通过与更多国家和地区商签高标准自贸协定,以原产地规则来实施更大规模的减免税安排,力争为我国外贸企业开拓更大的海外市场空间,推进更高水平的区域经济一体化。区域全面经济伙伴关系协定(RECP)形成了全球最大自由贸易区,政府需要鼓励企业用好优惠关税、原产地累积等规则,扩大贸易和投资合作,同时,要按照相关开放承诺,加快出台相关配套措施,推动海关、监管、投资等国内相关政策、制度调整,以此推动 RCEP 尽快落地。服务贸易与数字贸易快速增长,已逐渐成为全球经贸规则重构的焦点,中国应以服务贸易和数字贸易为重点积极参与全球经贸规则制定。

第三节

后续研究

本书研究存在较多不足,同时也有待进一步深入研究之处。

第一,本书关税数据是国家层面的最惠国关税,但近些年,由于区域贸易协定和双边贸易协定的兴起,中国与贸易伙伴之间互惠贸易协定签订增多,双边关税得到很大程度的削减。用多边关税测算关税名义水平、贸易限制指数和关税有效保护率等指标,会高估实际贸易保护程度,因此,有必要在后续研究中拓展运用双边关税分析关税水平和产业结构,以期获得更为精准的关税贸易保护数据。

第二,既有文献研究表明,在扩展考虑反倾销税后,各经济体关税的贸易限制程度有所增加,发达经济体的增加程度尤为明显,说明现实中除关税外,发达经济体越来越多地采用非关税贸易保护措施。本书仅考虑包含关税的贸易限制措施,未来需要进一步扩展到包含反倾销税、反补贴税以及更多非关税措施的贸易限制措施的研究。

第三,对关税经济效应的考察,本书的实证研究仅限于关税对技能溢价的影响。实际上,关税的影响是多方位的,理论上讲,关税调整对行业间、地域间劳动就业和工资差距均会产生影响:(1)改变行业间的劳动与工资对比,关税削减往往具有行业特定性,即不同行业的关税削减幅度各有不同,由此,商品价格波动的幅度也存在行业特定性,进而不同行业间劳动力就业与工资调整存在差异。(2)改变城

第六章 结论与政策建议

乡区域层面的就业与工资增长,关税下降会加剧来自国外企业的进口竞争,导致本土企业受到负面冲击,造成本土企业劳动力需求下降,工资降低。城乡之间、不同地区之间由于产业结构不同,受到关税冲击的程度也存在差异。(3)改变人口流动结构,由于不同行业或不同地区受关税冲击的幅度不同,关税下降可能使得劳动力由受冲击较大的行业或城市流向冲击较小的行业或城市。由此,后续研究还需要更深入、全方位、多角度地分析关税政策的经济效应。

第四,经济高质量发展不仅包括宏观和产业层面,还包括从企业层面对高质量发展的理解和思考。从企业经营层面理解,经济高质量发展包括一流竞争力、质量的可靠性与持续创新、品牌的影响力,以及先进的质量管理理念与方法等。由此,获得并使用企业数据对关税经济效应给予研究,应成为考察关税政策在中国经济高质量发展中作用的重要组成部分。

附　录

附录1　中国现有关税种类

税率种类	适用情形	特别规定
最惠国税率	原产于共同适用最惠国待遇条款的世界贸易组织成员的进口货物，原产于与中华人民共和国签订含有相互给予最惠国待遇条款的双边贸易协定的国家或者地区的进口货物，以及原产于中华人民共和国境内的进口货物	当最惠国税率低于或等于协定税率时，协定有规定的，按相关协定的规定执行；协定无规定的，二者从低适用。适用最惠国税率的进口货物有暂定税率的，应当适用暂定税率；适用协定税率、特惠税率的进口货物有暂定税率的，应当从低适用税率；适用普通税率的进口货物，不适用暂定税率
协定税率	原产于与中华人民共和国签订含有关税优惠条款的区域性贸易协定的国家或者地区的进口货物	
特惠税率	原产于与中华人民共和国签订含有特殊关税优惠条款的贸易协定的国家或者地区的进口货物	
普通税率	原产于除适用最惠国税率、协定税率、特惠税率国家或者地区的进口货物，以及原产地不明的进口货物	
关税配额税率	实行关税配额管理的进口货物，关税配额内的，适用关税配额税率	
暂定税率	适用最惠国税率、协定税率、特惠税率、关税配额税率的进口货物在一定期限内可以实行暂定税率。适用普通税率的进口货物，不适用暂定税率	

附 录

续表

税率种类	适用情形	特别规定
其他规则		
反倾销税、反补贴税、保障措施关税	适用《中华人民共和国反倾销条例》、《中华人民共和国反补贴条例》、《中华人民共和国保障措施条例》的有关规定	
报复性关税	任何国家或者地区违反与中华人民共和国签订或者共同参加的贸易协定及相关协定，对中华人民共和国在贸易方面采取禁止、限制、加征关税或者其他影响正常贸易的措施的，对原产于该国家或者地区的进口货物可以征收报复性关税，适用报复性关税税率	
关税减免	特定地区、特定企业或者特定用途的进出口货物减征或者免征关税的，以及其他依法减征或者免征关税的进口货物	

资料来源：财政部《中华人民共和国进出口税则（2022）》，中国财政经济出版社2021年版。

附录 2　商品分类标准确定

一、商品分类标准

（一）《商品名称及编码协调制度》（HS）

《商品名称及编码协调制度》（The Harmonized Commodity Description and Coding System）简称《协调制度》，又称 HS，是指在原海关合作理事会商品分类目录和国际贸易标准分类目录的基础上，协调国际上多种商品分类目录而制定的一部多用途的国际贸易商品分类目录。1983 年 6 月海关合作理事会（现名世界海关组织，WCO）主持制定的一部供海关、统计、进出口管理及与国际贸易有关各方共同使用的商品分类编码体系。HS 编码"协调"涵盖了《海关合作理事会税则商品分类目录》（CCCN）和联合国的《国际贸易标准分类》（SITC）两大分类编码体系，是系统的、多用途的国际贸易商品分类体系。在现实工作中，为了适用于海关监管、海关征税及海关统计，需要按照进出口商品的性质、用途、功能或加工程度等将商品准确地归入《协调制度》中与之对应的类别和编号。按照生产部类、自然属性和不同功能用途，《协调制度》将国际贸易涉及的各种商品分为 21 类、共 97 章。目前，世界上已有 200 多个国家、地区使用 HS，全球贸易总量 98% 以上的货物都是以 HS 分类的。HS 于 1988 年 1 月 1 日正式实施，为适应国际贸易及商品的发展，WCO 一般每 5 年会对《协调制度》进行一次较大范围的修订。至今已经完成了 7 次修订，分别为 HS1992，HS1996，HS2002，HS2007，HS2012，HS2017 和 HS2022。最新版 HS2022 在 2022 年 1 月 1 日开始实施。

自 1992 年 1 月 1 日起中国正式采用《协调制度》，对《协调制度》采取了直接适用的方式，是中国制订进出口税则，实施贸易管制、贸易统计以及其他各项进出口管理措施的基础目录。中国分别按时实施了 1992 年、1996 年、2002 年、2007 年、2012 年、2017 年、2022 年版

《协调制度》,如中国 2021 年 10 月发布了 2022 年版《协调制度》修订目录中文版《商品名称及编码协调制度》,并于 2022 年 1 月 1 日生效。中国采用的《协调制度》分类目录,前 6 位数是 HS 国际标准编码,第 7、8 两位是根据中国关税、统计和贸易管理的需要加列的本国子目,同时,还根据代征税、暂定税率和贸易管制的需要对部分税号增设了第 9、第 10 位附加代码。

(二)国民经济行业分类(GB)

《国民经济行业分类》(GB)是中国依据联合国统计司制定的《所有经济活动的国际标准行业分类》(ISIC)的基本原则,建立的国家统计分类标准,该标准采用经济活动的同质性原则划分国民经济行业,即每一个行业类别按照同一种经济活动的性质划分,而不是依据编制、会计制度或部门管理等划分。GB 标准是划分全社会经济活动的基础性分类,明确规定了全社会经济活动的分类与代码,适用于统计、规划、财政、税收等对经济活动的分类,是经济管理和统计工作的基础性分类。《国民经济行业分类》的国家标准于 1984 年首次发布,分别于 1994 年和 2002 年进行修订,2011 年第三次修订,2017 年第四次修订。

(三)《产品总分类》(CPC)

在联合国国际标准分类体系中产品总分类(Central Product Classification,CPC)与国际标准产业分类(ISIC)一样,是其核心统计分类。产品总分类是一种涵盖货物和服务的完整产品分类,意在充当一种国际标准,用以汇集各种产品细目的数据,包括工业生产、国民账户、服务业、国内外商品贸易、国际服务贸易、国际收支、消费及物价统计,还为国际比较提供一种框架,促进有关货物和服务的各种统计的统一。联合国于 1998 年颁布了《产品总分类》第一版,2008 年修订并颁布了第二版。

(四)《统计用产品分类目录》

2010 年 2 月中国国家统计局发布了《统计用产品分类目录》①。该

---

① 国家统计局编. 统计用产品分类目录[M]. 北京:中国统计出版社,2010.

目录涉及国民经济行业活动的全部36142个产品,其中,实物类产品30015个,服务类产品6127个。在实物类产品中,农、林、牧、渔业产品1527个,工业产品28028个,建筑业产品450个。《统计用产品分类目录》与《国民经济行业分类》一样是中国统计上最为基础、最为重要的两个分类标准。

自1998年联合国颁布第一版《产品总分类》以来,为了推进国际比较、规范各国的统计标准,世界各国或是直接采纳联合国的《产品总分类》,或是在联合国标准基础上制定本国的产品分类。一些发达国家和地区,如欧盟地区、美国、加拿大、澳大利亚、新西兰等根据本国情况制定自己的产品分类,并与联合国的产品分类建立了转换关系;一些产业单一、经济欠发达的中小国家就直接采用联合国的产品分类。为与国际标准衔接,规范统计标准,中国采用了联合国的编制原则、分类依据、基本构架和处理方法,但对产品类别的具体编制,主要考虑本国统计需求和部门管理需求。

中国于2002年制定并颁布了《国民经济行业分类》,但在统计上没有统一的产品分类标准,《统计用产品分类目录》增补了这一空白。《统计用产品分类目录》是对全社会经济活动的产品进行标准的分类和统一编码,它适用于以产品为对象的所有统计调查活动,在统一和规范中国统计用产品分类标准的同时,建立了与联合国及各国的统计数据交换关系。其特点包括:一是产品分类与行业分类紧密衔接,产品目录是以《国民经济行业分类》为基础,并在行业大类上进行产品划分的,因此,目录中的全部产品就是国民经济行业活动的产出,国民经济行业的行业类别是该目录产品的原产业;二是与联合国的产品分类衔接,由于中国产品分类目录与联合国产品分类存在着差异,为了进行国际比较,在产品分类目录最小类别建立了与联合国产品分类的转换关系;三是各专业可以灵活使用产品分类目录,中国产品目录规定了统计上使用的基本产品,在一般情况下,各专业统计使用的产品应从本目录中产生,当有些专业使用更细的产品类别而目录不能满足时,可在目录产品后面增加更细的产品,作为专业统计用的产品子目录;四是与海关商品目录相衔接，为了与不同用途的产品目录相衔接，在"产品库"中增加与海关商品目录的转换关系。

二、商品分类标准的调整与确定

1992年，中国加入《协调制度公约》后，海关开始按照《商品名称及编码协调制度》（HS）的税则税目，颁布进出口关税税率，统计进出口贸易数据。目前官方没有将海关协调制度HS历年的产品分类与国民经济行业分类（GB）予以匹配关联，由此，无法获得按照国民经济行业分类（GB）标准统计的关税和进出口额数据。这造成在实证研究中，既不能以GB行业分类为基础，分析中国关税水平和关税结构，更不能将关税与《中国统计年鉴》等各类国家统计局颁布的国民经济行业数据相结合，进一步分析关税和关税保护水平对行业经济发展、收入水平、收入分配等的影响。为填补该项空白，本书将HS1996的6分位产品分类与国民经济行业分类（GB2002）一一匹配，对商品分类标准进行调整和确定，并将所有关税和进出口贸易额数据，按照该分类标准重新整理和集结，获得与国民经济行业匹配的关税和进出口数据[①]。

本书将协调制度（HS1996）的6分位产品与国民经济行业分类（GB2002）匹配和转换的依据，包括国家统计局《统计用产品分类目录》，联合国《产品总分类》（CPC1.0版）以及联合国《产品总分类》（CPC1.0版）与海关协调制度（HS1996）的对应产品关系列表[②]。第一步，根据联合国数据，将CPC1.0与HS1996代码进行匹配；第二步，根据《统计用产品分类目录》中的CPC1.0产品与国民经济行业分类（GB2002）转化关系，将CPC1.0产品代码与GB2002行业进行匹配。第三步，以CPC1.0产品为链接纽带，将HS1996的6分位产品代码归

[①] 目前在文献中能发现将海关协调制度产品分类与中国行业分类相匹配的研究是盛斌（2002），但该书使用的数据是，海关协调制度为1992年版，中国行业分类使用的是中国工业行业分类（CICC）1994年版，这一行业关联已不满足现在数据统计的需要。

[②] 联合国网站提供了《产品总分类》（CPC1.0版）与协调制度（HS1996）的对应关系表，详见链接：https://unstats.un.org/unsd/classifications/econ。

类至国民经济行业（GB2002）分类的各产业中。

在 GB2002 和 HS1996 的产品分类标准转换过程中，主要出现 2 类问题。第一，由于部分 CPC1.0 代码会出现在不同国民经济行业中，进而导致同一个 HS1996 的 6 分位产品在多个国民经济行业中出现。对于这些产品，结合国民经济行业（GB2002）分类注释与中国相关年份的海关进出口税则注释，将重复出现 HS1996 的 6 分位产品根据其产品属性，重新归类①。第二，存在极个别 HS1996 产品未包括在 GB2002 行业分类中，该类产品同样依据 GB2002 行业分类注释，匹配入相应的行业中②。

国家统计局依据各年适用的国民经济行业 GB 标准，对各类行业数据给予统计和官方发布，即 2011 年（含）后的国民经济行业数据以 GB2011 为行业分类依据，2017 年（含）后以 GB2017 为行业分类依据进行行业数据的统计工作。类似的，新的海关协调制度的颁布也意味着进口关税税率数据的统计和发布，将以新版的协调制度产品代码为依据，即协调制度 2002 年、2007 年、2012 年、2017 年和 2022 年分别对应 2002—2006 年、2007—2011 年、2012—2016 年、2017—2021 年和 2022 年及以后各年的关税税率和进出口数据。由此，国民经济行业（GB2002）和海关协调制度（HS1996）的产品转换关系无法满足后续时期数据统计的要求。为保证行业划分的一致性，增强行业关税数据的跨期可比性，在数据处理中，遵循的思路是，首先，将 GB2011 和 GB2017 的行业分类调整为 GB2002 行业分类，对前两个版本的行业数据转化为 GB2002 划分的行业数据；其次，以协调制度 HS1996 为标准，

---

① 一般而言，归类调整后的数据中，HS1996 的 6 分位产品代码只出现在一个 GB2002 行业中，但存在极少量 HS1996 产品出现在两个或两个以上 GB 行业中是合理的现象。如 CPC1.0 代码 04930 对应的 HS1996 的 6 分位代码产品 1212.20（鲜、冻或干的海草及其他藻类），出现在国民经济行业分类（GB2002）中行业 GB3 的是新鲜的这些产品，出现在 GB13 的是冻、干制水生植物。因此，这两个 GB2002 行业都包括该 HS1996 的 6 分位代码 1212.20。

② 如 GB2002 中没有包括刺槐豆、马黛茶等产品，但 HS1996 产品中包含。本书目的是研究关税对国民经济行业的影响，因此，任何存在进口的产品关税均需要考虑，所以，将这些进口产品中包含的这类产品根据其产品特性添加回国民经济行业中。

将其他版本协调制度下的关税数据转化成与 HS1996 标准对应，匹配的依据是联合国数据 HS2002 – HS1996，HS2007 – HS1996，HS2012 – HS1996，HS2017 – HS1996 关系表[①]。

---

① 各版本 HS 与 HS1996 产品对应关系见链接 https：//unstats. un. org/unsd/classifications/econ/。

附录3 Kee et al. (2008) TRI 分解过程详解

$$TRI_c = \left[\frac{\frac{1}{2}\sum_n (\partial q_{nc}/\partial p_{nc})t_{nc}^2}{\frac{1}{2}\sum_n (\partial q_{nc}/\partial p_{nc})}\right]^{1/2} = \left[\frac{\sum_n s_{nc}\varepsilon_{nc}t_{nc}^2}{\sum_n s_{nc}\varepsilon_{nc}}\right]^{1/2}$$

式中，t_{nc} 为 c 国 n 产品进口关税；s_{nc} 是 n 产品进口额所占 GDP 份额；ε_{nc} 为 n 产品的进口需求弹性系数。根据 s_{nc} 的定义和统计学相关知识，可知 s_{nc} 可作为所有变量的概率密度函数（非连续性变量），由此，定义如下：

$$\bar{t}_c \equiv \sum_n s_{nc} t_{nc} = E t_{nc}$$

$$\sigma_c^2 \equiv \sum_n s_{nc} (t_{nc} - \bar{t}_c)^2 > 0$$

$$\bar{\varepsilon}_c \equiv \sum_n s_{nc} \varepsilon_{nnc} = E \varepsilon_{nnc}$$

$$\tilde{\varepsilon}_{nc} \equiv \frac{\varepsilon_{nnc}}{\bar{\varepsilon}_c} > 0$$

$$\rho_c \equiv \mathrm{Cov}(\tilde{\varepsilon}_{nc}, t_{nc}^2)$$

对式（1）中括号内表达式进行分析：

$$\frac{\sum_n s_{nc}\varepsilon_{nc}t_{nc}^2}{\sum_n s_{nc}\varepsilon_{nc}} = \sum_n s_{nc} \cdot \frac{\varepsilon_{nc}}{\sum_n s_{nc}\varepsilon_{nc}} \cdot t_{nc}^2 = E\left[\frac{\varepsilon_{nc}}{\sum_n s_{nc}\varepsilon_{nc}} \cdot t_{nc}^2\right]$$

$$= E\left[\frac{\varepsilon_{nc}}{\bar{\varepsilon}_c} \cdot t_{nc}^2\right] = E[\tilde{\varepsilon}_{nc} \cdot t_{nc}^2]$$

根据变量协方差的公式，可得

$$\mathrm{Cov}(\tilde{\varepsilon}_{nc}, t_{nc}^2) = E[\tilde{\varepsilon}_{nc} \cdot t_{nc}^2] - E\tilde{\varepsilon}_{nc} \cdot E t_{nc}^2 \Rightarrow$$

$$E[\tilde{\varepsilon}_{nc} \cdot t_{nc}^2] = \mathrm{Cov}(\tilde{\varepsilon}_{nc}, t_{nc}^2) + E\tilde{\varepsilon}_{nc} \cdot E t_{nc}^2 = \rho_c + E t_{nc}^2$$

对 $E t_{nc}^2$ 进行求解：

$$E t_{nc}^2 = \mathrm{var}(t_{nc}) + (E t_{nc})^2 = \sigma_c^2 + \bar{t}_c^2$$

因此，

$$E[\tilde{\varepsilon}_{nc} \cdot t_{nc}^2] = \bar{t}_c^2 + \sigma_c^2 + \rho_c$$

即

$$TRI_c = [\bar{t}_c^2 + \sigma_c^2 + \rho_c]^{\frac{1}{2}}$$

由此，TRI 分解为三部分，进口加权平均关税 $\bar{t}_c^2$，关税方差 σ_c^2 和进口需求弹性系数与关税平方的协方差 ρ_c。

附录4 制造业各行业全要素生产率计算过程

以计量经济学方法，假设各行业的生产函数为三要素投入的柯布－道格拉斯生产函数：

$$Y_{it} = A_{it} K_{it}^{a_k} L_{it}^{a_l} M_{it}^{a_m} \tag{1}$$

式（1）中 Y_{it}、A_{it}、K_{it}、L_{it}、M_{it} 分别为第 i 行业 t 年的总产值、技术水平、固定资本、劳动、中间投入；a_k、a_l、a_m 分别是资本、劳动和中间投入的产出弹性。A 即为所谓的 TFP，可以得到 $\dot{A} = \dot{Y} - a_k \dot{K} - a_L \dot{L} - a_M \dot{M}$，即 TFP 增长率可以通过产出增长率、物质资本投入增长率、人力资本投入增长率、中间物质投入增长率以及各投入要素产出弹性估算得到。

我们再假设生产技术进步轨迹为：

$$A_{it} = A_{i0} e^{a_t t} \tag{2}$$

将式（2）代入式（1），可得：

$$\ln Y_{it} = a_{i0} + a_t t + a_k \ln K_{it} + a_l \ln L_{it} + a_m \ln M_{it} \tag{3}$$

式（3）中 $a_{i0} = \ln A_{i0}$ 为个体影响，代表每一行业特有的影响技术水平的其他因素。根据生产函数的设定，统计回归得出各产出弹性。基于式（3）回归获得各要素产出弹性系数，由于剩余项能够反映技术信息的前提是规模报酬不变，因此，我们将各生产要素产出系数标准化得到：$a_k^* = a_k/(a_k + a_l + a_m)$，$a_l^* = a_l/(a_k + a_l + a_m)$，$a_m^* = a_m/(a_k + a_l + a_m)$，可以求得全要素生产率增长率

$$tfp_{it} = g_A = g_{yit} - a_k^* g_{kit} - a_l^* g_{lit} - a_m^* g_{mit} \tag{4}$$

式（4）中 g_y、g_k、g_l、g_m 分别为总产出、固定资本、劳动和中间投入的增长率。

为保证数据的一致性，本书工业总产值、工业净产值、固定资产净值、中间投入和职工年均人数数据均来自各年《中国工业经济统计年鉴》。

基于增长核算方法估计 TFP 时,首先需要估计不变价计的产出,资本存量,人力资本存量和中间投入。以工业总产值表示产出,为消除价格因素的影响,以各行业工业品出厂价格指数将当年价的工业总产值折算成以 2002 年价表示的不变价。对固定资产净值做适当处理将之作为资本投入(物质资本存量)。首先,计算固定资产价格指数。固定资产投资包括三项内容,建筑安装工程、设备价格和其他投资。将这三项费用占固定资产投资总额的比例作为权重,对建筑安装价格指数、设备价格指数和其他费用价格指数给予加权平均得到固定资产价格指数。将名义固定资产净值以固定资产价格指数折算成实际价值数①。

以永续盘存法计算各行业年末固定资产净值:

$$k_t = k_{t0} + \sum_{t0+1}^{t} \Delta k_t / p_t \tag{5}$$

式(5)中 k_{t0} 为 1997 年的年末固定资产净值;Δk_t 为 t 年固定资产净值增加值,以相邻两年固定资产净值原值表示;p_t 为固定资产价格指数。

将行业总产值与增加值的差额计为行业中间投入。考虑中间投入产品名目众多,以投入产出表直接消耗系数为权重,计算中间投入品的价格指数。中间投入价格指数主要包括农产品和工业产品等共 39 个行业的产出价格。历年投入产出表数据以 2002 年、2007 年和 2012 年 IO 表为基础,简单平均获得。劳动投入数据以全部从业人员年平均数表示。

---

① 固定资产投资分项数据来自国家统计局网站统计数据库,2011 年以后部分数据缺失,缺失部以中国经济网统计数据库的相应数据补全。固定资产三个分项的价格指数由中国经济网统计数据库获得,并转为以 2001 年为基期的定基比数据。

参 考 文 献

[1] 财政部关税司. 波澜壮阔七十年关税见证伟大历程 [J]. 中国财政, 2019 (20): 6-9.

[2] 陈勇兵, 陈小鸿, 曹亮, 李兵. 中国进口需求弹性的估算 [J]. 世界经济, 2014 (2): 28-49.

[3] 戴枫. 贸易自由化与收入不平等——基于中国的经验研究 [J]. 世界经济研究, 2005 (10): 39-46.

[4] 戴觅, 张轶凡, 黄炜. 贸易自由化如何影响中国区域劳动力市场? [J]. 管理世界, 2019, 35 (06): 56-69.

[5] 段玉婉, 刘丹阳, 倪红福. 全球价值链视角下的关税有效保护率——兼评美国加征关税的影响 [J]. 中国工业经济, 2018 (07): 62-79.

[6] 冯宗宪, 段英. 中国关税减让的竞争性因素与保护性因素分析 [J]. 世界经济, 2000 (8): 29-38.

[7] 顾振华, 沈瑶. 中国进口需求弹性的再计算 [J]. 国际贸易问题, 2016 (4): 50-61.

[8] 胡超. 对外贸易与收入不平等——基于中国的经验研究明 [J]. 国际贸易问题, 2008 (3): 22-27.

[9] 金祥荣, 林承亮. 对中国历次关税调整及其有效保护结构的实证研究 [J]. 世界经济, 1999 (8): 28-34.

[10] 鞠卉圆, 宋良荣. 中国关税对产业有效保护程度的实证分析 [J]. 税收经济研究, 2016, 21 (03): 78-84.

[11] 李钢, 叶欣. 中国入世廿周年: 进口贸易与关税政策的调整与不断完善 [J]. 国际贸易, 2021 (12): 27-33+67.

[12] 李佳, 汤毅. 贸易自由化、技术进步与行业内工资不平等——基于中国工业企业数据的分析 [J]. 南开经济研究, 2019 (04): 209-222.

[13] 李聆佳. 中国工业贸易有效保护水平与结构——基于2006年关税数据的实证分析 [J]. 国际贸易问题, 2008 (8): 18-22.

[14] 李清如, 蒋业恒, 董鹏馥. 贸易自由化对行业内工资不平等的影响——来自中国制造业的证据 [J]. 财贸经济, 2014 (2): 85-95.

[15] 刘庆林, 汪明珠. 中国农产品市场准入政策的保护水平与结构——基于贸易限制指数的研究 [J]. 经济研究, 2014, 49 (07): 18-30.

[16] 倪红福, 王晓星, 王欠欠. 贸易限制指数的动态演变及增加值贸易效应 [J]. 中国工业经济, 2020 (12): 140-158.

[17] 綦海彤. 中间品贸易自由化与工资不平等——基于中国制造业的实证分析 [J]. 商场现代化, 2021 (10): 64-66.

[18] 单希彦. 中间产品贸易与行业内工资不平等——基于我国制造业的实证 [J]. 统计与决策, 2018 (6): 119-123.

[19] 盛斌. 对中国支柱行业产业的政策的经济分析: 以汽车工业为例 [J]. 南开经济研究, 1998 (05): 3-9.

[20] 盛斌. 中国对外贸易政策的政治经济分析 [M]. 上海: 上海人民出版社, 2002.

[21] 宋旭光, 张丽霞. 美国加征关税对中美制造业的影响——基于改进的关税有效保护率测算方法 [J]. 经济学家, 2019 (05): 47-58.

[22] 苏铁. 中国"入世"20年海关关税改革回顾与展望 [J]. 海关与经贸研究, 2021, 42 (06): 1-10.

[23] 王俊. 贸易自由化与技能溢价: 基于技能偏向技术进步视角

的研究 [J]. 国际经贸探索, 2019, 35 (05): 40-51.

[24] 王晓星, 倪红福. 基于双边进口需求弹性的中美经贸摩擦福利损失测算 [J]. 世界经济, 2019 (11): 27-50.

[25] 王云飞. 国际贸易与国内收入分配关系研究述评 [J]. 经济学动态, 2007 (2): 101-105.

[26] 王志刚, 张帅. 加入WTO后中国关税政策的演进及其经验启示 [J]. 财政科学, 2022 (02): 66-72.

[27] 温宇静, 赵宏. 入世关税减让承诺完成后中国关税有效保护率及其结构 [J]. 经济论坛, 2011 (3): 48-51.

[28] 谢锐, 陈湘杰, 陈黎明, 倪红福. 中国关税有效保护率的动态变迁 [J]. 管理科学学报, 2020, 23 (07): 76-98.

[29] 徐水安. 贸易自由化与中国收入分配的演变 [J]. 世界经济文汇, 2003 (04): 44-54.

[30] 徐赟. 中国关税有效保护与产业竞争优势及其变动——基于入世后制造业数据的考察 [J]. 经济管理文摘, 2021 (13): 7-9.

[31] 尹正, 倪志伟. 出口贸易、技术进步与工资差距 [J]. 工业技术经济, 2018, 37 (04): 85-91.

[32] 喻美辞. 国际贸易、技术进步对相对工资差距的影响——基于中国制造业数据的实证分析 [J]. 国际贸易问题, 2008 (4): 9-15.

[33] 翟凡, 李善同, 王直. 关税减让、国内税替代及其收入分配效应 [J]. 经济研究, 1996 (12): 41-50.

[34] 张杰, 陈志远. 出口与工资不平等——基于中国工业部门的经验证据 [J]. 产业经济研究, 2015 (5): 63-72.

[35] 张曙光, 张燕生, 万中心. 中国贸易保护代价的实证分析 [J]. 经济研究, 1997 (02): 12-22.

[36] 张世伟, 吕世斌. 贸易自由化、技术进步与工资不平等上升 [J]. 吉林大学社会科学学报, 2013 (5): 21-29.

[37] 张先锋, 张敬松, 夏宏博. 贸易自由化、相对价格效应与技能溢价 [J]. 财贸研究, 2015 (3): 79-87.

参考文献

[38] 赵晨阳. 拉美国家贸易限制分析及中拉双边贸易限制 [J]. 拉丁美洲研究, 2017, 39 (01): 60 – 77 + 155 – 156.

[39] 周申, 杨传伟. 中国关税的有效保护率及其变动: 基于2004年数据的考察 [J]. 财经研究, 2006 (9): 134 – 143.

[40] Anderson J. E.. General Equilibrium and the Effective Rate of Protection [J]. *Journal of Political Economy*, 1970, 78 (4): 717 – 724.

[41] Anderson J. E., Neary J. P.. Measuring the Restrictiveness of Trade Policy [J]. *World Bank Economic Review*, 1994, 8 (2): 151 – 169.

[42] Anderson J. E., Neary J. P.. A New Approach to Evaluating Trade Policy [J]. *Review of Economic Studies*, 1996, 63 (1): 107 – 125.

[43] Anderson J. E., Neary J. P.. The Mercantilist Index of Trade Policy [J]. *International Economic Review*, 2003, 44 (2): 627 – 649.

[44] Anderson J. E., Neary J. P.. Measuring the Restrictiveness of Trade Policy [M]. Boston: MIT Press, 2005.

[45] Antimiani A., Conforti P., Salvatici L.. Measuring Restrictiveness of Bilateral Trade Policies: a Comparison Between Developed and Developing Countries [J]. *Review of World Economics*, 2008 (144): 207 – 224.

[46] Anwar S., Sun S.. Trade Liberalisation, Market Competition and Wage Inequality in China's Manufacturing Sector [J]. *Economic Modelling*, 2012 (29): 1268 – 1277.

[47] Archibald R. B., Feldman D. H., Hayford M. D., Pasurka C. A.. Effective Rates of Protection and Fordney——McCumber and Smoot——Hawley Tariff Acts: Comment [J]. *Applied Economics*, 2000, 32 (9): 1223 – 1226.

[48] Bach C. F., Martin W., Stevens J. A.. China and the WTO: Tariff Offers, Exemptions, and Welfare Implications [J]. *Weltwirtschaftliches Archiv*, 1996 (132): 207 – 224.

[49] Bain J. S.. Barriers to New Competition: Their Character and Consequences in Manufacturing [M]. Cambridge, MA: Harvard University

Press, 1956.

[50] Baldwin R., Cain G. G., Shifts in US Relative Wages: The Role of Trade, Technology and Factor Endowments [J]. Review of Economics and Statistics, 1997, 82 (4): 580 – 595.

[51] Balassa B.. Tariff Protection in Industrial Countries: An Evaluation [J]. *Journal of Political Economy*, 1965 (73): 573 – 594.

[52] Barber C L. Canadian tariff policy [J]. Canadian Journal of Economics and Political Science, 1955 (4): 513 – 530.

[53] Basevi G.. The United States Tariff Structure: Estimates of Effective Rates of Protection of United States Industries of United States Industries and Industrial Labor [J]. *Review of Economics and Statistics*, 1966, 48 (2): 147 – 160.

[54] Beaulieu E., Cherniwchan J.. Tariff Structure, Trade Expansion and Canadian Protectionism 1870 – 1910 [J]. *Canadian Journal of Economics*, 2014 (47): 144 – 172.

[55] Beghin J. C., Disdier A. C., Marette S.. Trade Restrictiveness Indices in Presence of Externalities: An Application to Non – tariff Measure [J]. *The Canadian Journal of Economics*, 2015, 48 (4): 1513 – 1536.

[56] Beyer H., Rojas P., Vergara R.. Trade Liberalization and Wage Inequality [J]. *Journal of Development Economics*, 1999, 59 (1): 103 – 123.

[57] Brauer D., Hickok S. Explaining the Growing Gap between Low – skilled and High – skilled Wages. Federal Reserve Bank of New York, Research Paper: 9418, 1994.

[58] Broda C., Weinstein D. E.. Optimal Tariffs and Market Power: The Evidence [J]. *American Economic Review*, 2008, 98 (5): 2032 – 2065.

[59] Bureau J. C., Chau N. H., Fre R., Grosskopf S.. Economic Performance, Trade Restrictiveness, and Efficiency [J]. *Review of Development Economics*, 2003, 7 (4): 527 – 542.

[60] Bureau J. C., Salvatici L.. Agricultural Trade Restrictiveness in

the European Union and the United States [J]. *Agricultural Economics*, 2005, 33 (3): 479 –490.

[61] Campa J. M., GoldbergL. S.. Exchange rate pass – through into import prices [J]. *The Review of Economics and Statistics*, 2005, 87 (4): 679 – 690.

[62] Chen B., Ma H.. Trade Restrictiveness and Deadweight Loss in China's imports [J]. *Frontiers of Economics in China*, 2012, 7 (3): 478 – 495.

[63] Chen B., Ma H., Jacks D. S.. Revisiting the Effective Rate of Protection in the Late Stages of Chinese Industrialization [J]. *World Economy*, 2017, 40 (2): 424 – 438.

[64] Chen B., Ma H., Xu, Y.. Measuring China's Trade Liberalization: a Generalized Measure of Trade Restrictiveness Index [J]. *Journal of Comparative Economics*, 2014, 42 (4): 994 – 1006.

[65] Corden W. M.. The Structure of A Tariff System and the Effective Protective Rate [J]. *Journal of Political Economy*, 1966, 74 (3): 221 – 237.

[66] Croser J. L., Lloyd P. J., Anderson K.. How Do Agricultural Policy Restrictions on Global Trade and Welfare Differ Across Commodities? [J]. *America Journal of Agricultural Economics*, 2010, 92 (3): 698 – 712.

[67] Devarajan S., Sussangkarn C.. Effective Rates of Protection When Domestic and Foreign Goods Are Imprefect Substitutes: The Case of Thailand [J]. *Review of Economics & Statistics*, 1992, 74 (4): 701 – 711.

[68] Edwards L.. Has South Africa Liberalized its Trade [J]. *South African Journal of Economics*, 2005 (73): 754 – 775.

[69] Esquivel G., Rodríguez – López J. A.. Technology, Trade, and Wage Inequality in Mexico Before and after NAFTA [J]. *Journal of Development Economics*, 2003 (72): 543 – 565.

[70] Feenstra R. C.. Symmetric pass – through of tariffs and exchange rates under imperfect competition: An empirical test [J]. *Journal of Inter-

national Economics, 1989, 27 (1 - 2): 25 - 45.

[71] Feenstra R. C.. Estimating the Effects of Trade Policy [J]. *Handbook of International Economics*, 1995, 3 (5): 1553 - 1595.

[72] FeenstraR. C.. Advanced International Trade: Theory and Evidence [M]. Princeton, NJ: Princeton University Press, 2003.

[73] Finger J. M. Substitution and the Effective Rate of Protection [J]. *Journal of Political Economy*, 1969 (77): 972 - 975.

[74] Fugazza M., Nicita A.. The Direct and Relative Effects of Preferential Market Access [J]. *Journal of International Economics*, 2013, 89 (2): 357 - 368.

[75] Fukasaku K., Lecomte H. S.. Economic Transition and Trade Policy Reform: Lessons from China. OECD Development Center Working Papers 112, 1996.

[76] Goldberg P. K., Pavcnik N.. Distributional Effects of Globalization in Developing Countries [J]. *Journal of Economic Literature*, 2007 (45): 39 - 82.

[77] Greenaway D.. Effective Tariff Protection in the United Kingdom [J]. *Oxford Bulletin of Economics and Statistics*, 2009 (50): 313 - 324.

[78] Grossman G. M., Helpman E.. Growth, Trade, and Inequality [J]. *Econometrica*, 2018, 86 (1): 37 - 83.

[79] Harrigan J.. Technology, Factor Supplies and International Specialization: Estimating the Neocalssical Model [J]. *American Economic Review*, 1997, 87 (4): 475 - 494.

[80] Harris R. G., Robertson P. E.. Trade, Wages and Skill Accumulation in the Emerging Giants [J]. *Journal of International Economics*, 2013 (89): 407 - 421.

[81] Haskel J., Slaughter M. J.. Trade, Technology and U. K. Wage Inequality [J]. Economic Journal, 2001, 111 (468): 163 - 187.

[82] Haskel J., Slaughter M. J.. Have Falling Tariffs and Transporta-

tion Costs Raised US Wage Inequality [J]. *Review of International Economics*, 2003 (11): 630 - 650.

[83] Hauk W. R.. Trade restriction indices and US trade policy [J]. *Applied Economics Letters*, 2012 (19): 795 - 799.

[84] Helpman E., Itskhoki O., Redding S.. Inequality and Unemployment in a Global Economy [J]. *Econometrica*, 2010, 78 (4): 1239 - 1283.

[85] Ianchovichina E., Martin W.. Impacts of China's Accession to the World Trade Organization [J]. *World Bank Economic Review*, 2004, 18 (1): 3 - 27.

[86] Irwin D. A.. Trade Restrictiveness and Deadweight Losses from U. S. Tariffs, NBER Working Paper No. 13450, 2007.

[87] Jongwanich J., Kohpaiboon A. Effectiveness of industrial policy on firm productivity: evidence from Thai manufacturing [J]. *Asian - Pacific Economic Literature*, 2020, 34 (2): 39 - 63.

[88] Keay, I. Protection for Maturing Industries: Evidence from Canadian Trade Patterns and Trade Policy, 1870 - 1913 [J]. *Canadian Journal of Economics*, 2019, 52 (4): 1464 - 1496.

[89] Kee H. L., Nicita A., Olarreaga M.. Import Demand Elasticities and Trade Distortion [J]. *The Review of Economics and Statistics*, 2008, 90 (4): 666 - 682.

[90] Kee H. L., Nicita A., Olarreaga, M.. Estimating Trade Restrictiveness Indices [J]. *The Economic Journal*, 2009, 119 (534): 172 - 199.

[91] Kee H. L., Neagu C., Nicita A.. Is Protectionism on the Rise? Assessing National Trade Policies during the Crisis of 2008 [J]. *Review of Economics & Statistics*, 2013, 95 (1): 342 - 346.

[92] Kohli, U. Technology, Duality, and Foreign Trade: The GNP Function Approach to Modeling Imports and Exports [M]. London: Harvester Wheatsheaf Publisher, 1991.

[93] Krugman P.. Technology, trade and factor prices [J]. *Journal*

of *International Economics*, 2000, 50 (1): 51-71.

[94] Leamer, E. E.. In Search of Stolper – Samuelson Linkages between International Trade and Lower Wages. Cambridge, MA: National Bureau of Economic Research, NBER Working paper 5427, 1996.

[95] Leith J. C.. Substitution and supply elasticities in calculating the effective protective rate [J]. *Quarterly Journal of Economics*, 1968, 82 (4): 587-601.

[96] Lloyd P. J., MacLaren D.. An Estimated Trade Restrictiveness Index of the Level of Protection in Australian Manufacturing [J]. *The Australian Economic Review*, 2008, 41 (3): 250-259.

[97] Lloyd P. J., MacLaren D.. Partial and General – equilibrium Measures of Trade Restrictiveness [J]. *Review of International Economics*, 2010, 18 (5): 1044-1057.

[98] Lloyd P. J., Croser J. L., Anderson K.. Global Distortions to Agricultural Markets: Indicators of Trade and Welfare Impacts, 1960 to 2007 [J]. *Review of Development Economics*, 2010, 14 (2): 141-160.

[99] Marks S. V.. Non – tariff trade regulations in Indonesia: nominal and effective rates of protection [J]. *Bulletin of Indonesian Economic Studies*, 2017, 53 (3): 333-357.

[100] Marks S. V., Rahardja S. Effective Rates of Protection Revisited for Indonesia [J]. *Bulletin of Indonesian Economic Studies*, 2012, 48 (1): 57-84.

[101] Mayer W. Effective Tariff Protection in a Simple General Equilibrium Model [J]. *Economica*, 1971, 38 (151): 253-268.

[102] Perry G., Olarreaga M. Trade Liberalisation, Inequality and Poverty Reduction in Latin America. mimeo, World Bank, 2006.

[103] Richardson D. J. Income Inequality and Trade: How to Think, What to Conclude [J]. *Journal of Economic Perspective*, 1995, 9 (3): 31-55.

[104] Robbins D. Evidence on Trade and Wages in the Developing World, OECD Technical Paper No. 119 (1996).

[105] Savvides A.. Trade Policy and Income Inequality: New Evidence [J]. *Economic Letters*, 1998 (61): 365 - 372.

[106] Schott P. K. Across - product Versus Within - product Specialization in International Trade [J]. *The Quarterly Journal of Economics*, 2004, 199 (2): 647 - 678.

[107] Sebastian E.. Trade Policy, Growth, and Income Distribution [J]. *American Economic Review*, 1997 (87): 205 - 215.

[108] Shea J.. Instrument relevance in multivariate linear models: A simple measure [J]. *The Review of Economics and Statistics*, 1997 (49): 348 - 352.

[109] Ural M. B. Tariff Pass - through and the Distributional Effects of Trade Liberalization [J]. *Journal of Development Economics*, 2012, 99 (2): 265 - 281.

[110] UlHaque N., Siddiqui R. Z.. Nominal and Effective Rates of Protection by Industry in Pakistan: A Tariff Based Analysis [J]. *Nust Journal of Social Sciences and Humanities*, 2021, 3 (1): 1 - 45.

[111] Wood A. How Trade Hurt Unskilled Workers? [J]. *Journal of Economic Perspectives*, 1995, 9 (3): 57 - 80.

[112] Wu X.. Foreign Direct Investment, Intellectual Property Rights, and Wage Inequality in China [J]. *China Economic Review*, 2001 (11): 361 - 384.

[113] Xu B., Li W.. Trade, Technology, and China's Rising Skill Demand [J]. *Economics of Transition*, 2008, 16 (1): 59 - 84.

[114] Xu Y., Ouyang A. Y. China Wage Inequality: The Role of Trade and Technology [J]. *Applied Economics*, 2015, 47 (47): 5057 - 5071.

[115] Xu Y., Ouyang A. Y.. Tariffs, Relative Prices and Wage Inequality: Evidence from China [J]. *China Economic Review*, 2017 (46):

97 – 109.

[116] Zhao Y. Foreign Direct Investment and Relative Wages: The Case of China [J]. *China Economic Review*, 2001, 12 (1): 40 – 57.

[117] Zhou S., He B., Ni H., Pang S., Lothian J. R.. Trade liberalization and regional labor market dynamics: Evidence from China's WTO accession [J]. *Journal of International Money and Finance*, 2022, 125.

[118] Zou W., Liu L., Zhuang Z.. Skill premium, biased technological change and income differences [J]. *China and World Economy*, 2009, 17 (6): 64 – 87.